日中漢字文化新論

松尾善弘

目次

まえがき

　私は「漢字の研究」をライフ・ワークとする中で、漢字を中核として出来あがっている日本の漢字文化社会に生じたもろもろの「歪み」現象を摘発し、自からの漢字認識を新たにしつつ、その根元を究明するとともにいくつかの是正策を提言してきた。その一つは漢字文化推進には、まず中国語を学ぶことから始めよということである。

　「漢字」は魔の文字である。多くの漢字に習熟して自由自在に使いこなせるようになれば、これにまさる情報伝達手段はないと言えるが、人間とかく「喉元すぎれば熱さ忘れる」の喩え通り、年をとるほどにかつて習熟にかけた時間と苦労を忘れてしまうようである。例えば、行政側（国語審議会）は発達した文明の利器に目を奪われて、安易に常用漢字や教育漢字を増やすばかりで、小中学校の漢字教育において基本的レベルに到達するまでにかける学習時間や労力を保証するカリキュラムを組もうとしない。学習負担を先生や生徒にしわよせするばかりなので、子供たちも姑息な学習法や上すべりの漢字習得でお茶を濁してしまい、学力低下や国語の乱れ現象を招く遠因になっていると言えるのである。

　日本語の表記道具「漢字」の功罪両面をしかと見極め、今後ますます加速する文明社会の中で十分に適応できる漢字の学習法を創意工夫しなければならない。機器類をパートナーにして、より早く、むだなく確実に、限り無い漢字の字体と字義と字音を身につける科学的方策を早急に講じなければならない。

　わが国で２字以上の漢字で書かれた熟語類を指して呼ぶ「漢語」とは、正確に定義すれば日本漢字音や字訓で読む「日本漢字語」のことである。もと古代中国語音で読まれ、古代中国語を表記した「漢字」だが、日本に伝来して日本語式に訛って発音した途端に、それは日本語の表記道具＝日本漢字に変身した。つまり、漢字の字体は同じでも、それを中国語音で読めば中国の漢字、訓よみや名乗り読みを含め日本語漢字音で読めば日本の漢字なのである。「漢字は表意文字である」という「まやかし」に騙され日・中漢字を同一視したり混同したりしてはならない。換言すれば、たとえ同じ字体・同じ字義を持

つ漢字でも、それが中国の漢字であるか、それとも日本の漢字であるかを区別する「鍵」は、日・中語の漢字音にかかっていると言えるのだ。

　最近、マス・メディアで漢字を媒体としたクイズやゲームが花盛りである。漢字の字形や読み方を当ててはしゃぐ若いタレントたちや、老化防止と称してパズル解きに懸命な高齢者の姿は一種ほほえましくさえある。

　しかし、一方、日本全国津々浦々で、日夜、漢字練習に泣き、漢字一字を書き損ねたため入試に落ちる学生があとをたたないという現実もある。

　漢字はこのように学問の世界でも趣味や遊びの世界でもバラエティに富み、どこまで行っても奥義を極めがたい「魔物」なのである。

　だが、我われの周囲には漢字の形式面のみを追求するあまり、文字通りの「怪物」に肥大化してしまった漢字世界があるのではないか。

　観る者も、恐らく書いた本人も内容不理解のまま形式美のみを追い求めた漢字作品書道の世界。

　聞く者も、恐らく高吟する本人も内容不明のまま唱えていると思われる漢詩吟の世界。

　原語はおろか漢詩規則も無視し、漢字を表面的にものまねして作られる漢字並べ詩の世界、エトセトラ。

　「漢文とは何ぞや」の明確な定義がないため、中国の古典なのか日本の古典なのか区別がつけられなくなっているのが、わが国の「漢文」界の現状のようだ。

　混乱の主たる原因は「表意文字」漢字のまやかしに惑わされていることによる。「漢文」は中国古代に中国古代文人が古代漢語で書いた「中国の古典漢文（思想や文学作品）」であり、本来、原音（今では現代漢語音）で読むべきものなのである。他方、漢字の表意性に依拠して原漢文を日本語漢字音や字訓で読み、返り点や送り仮名を施して、書き下すと日本古典文に変身するのが「日本古典漢文」である。

　両者を峻別する「鍵」は、原漢文を「汉语（Hàn yǔ）」作品として語音・語義・語法にわたって原語で読むか、それとも字面（じづら）上の意味のみを追究してそこそこの整合性を持たせた「訓読」で済ませるかにある。「訓読」のみによって構築された「日本古典漢文」の世界は壮大な「虚学」の世界である。

一章　漢字新論

1．漢字・漢語・漢文の新定義

　中国人自身はもともと「漢字」のことを「文字 wénzì ウェンズー」と呼んでいた。「文」とは「あや」、「字」とは「孳 zī（ズー・繁り殖える）」意といわれる。13 世紀末、蒙古族が中国を征服し元朝を興すに及んで、蒙古文字に対して漢民族の使う文字という意味で「漢字」の呼称が始まった。「漢」の国の文「字」は、伝来したわが国でも普通、日本語で「漢字」と呼ばれ、今日に至っている。

　紀元前 15 世紀ごろ、中国の原始人が創り出した甲骨文字は、字体や字音・字義を少しずつ変化させながら広く中国内外に伝承され、紀元 2・3 世紀には朝鮮半島を経てわが国にももたらされた。漢字を元にカタカナ・ひらがなを作り、漢字かな交じり文で表現することになって以降、漢字が日本文化の基盤となり、日本語の血肉と化して受け継がれてきたことは周知の事実である。

　淵源を同じくする漢字だが、本家の中国では今では「汉字」と書き、「Hànzì（ハンズー）」と呼ぶ中国語の表記道具である。対してわが国では「漢字」と書き、「かんじ」と呼ぶ日本語の表記道具である。

　中国語の表記道具であるからには、「汉字」は当然中国語原音で発音されていたが、日本に伝来した途端に日本語風に訛って発音され、受け止めた時代ごとに呉音・漢音・唐宋音或いは慣用音のちがいが生じてしまった。つまり、日本語の表記道具「漢字」は、字体と字義はほぼ原形と原意をとどめながらも、字音は大きく且つ複雑に「変身」してしまったのである。

　さて、「漢語」を「かんご」と読めば、昔、中国から伝来し、今ではすっかり日本語の表記道具と化した「日本漢字語」のことである。中には日本語そのものになりきったものから、漢和辞典に載っているだけの膨大な形骸化した古代漢語群があるわけだ。

　現代の日本漢字語に訳すと「漢語」であるが、「汉语」と書き「Hànyǔ（ハンユー）」と読めば、われわれがふだん中国語と呼んでいる中国の共通語の正式名称となる。現在「汉语」は簡体字で書かれているので、日・中漢字を同一視する向きはないと思うが、字義

や字体の差異よりももっとも気をつけるべきは、字音の違いなのである。つまり、たとえ同じ字体の漢字でも、それを中国語で読めば中国語の表記道具の「汉字」となり、「中国語」の意味の「汉语」となる。漢字を日本漢字音で読み或いは訓読した途端に、それは日本漢字語＝漢語となるのである。その区別は当該漢字をどの国の語音で読むかにかかっている。「目で見れば意味が分かる」という漢字＝表意文字論が日中同文同種観を生み、その違いに正対することを阻害する元凶と化していたことに思いを致し、「語音」の持つ意義を再確認する時代に至っていることを強調しておきたい。

　同じように漢字の表意性に惑わされ、日本の古典なのか中国の古典なのか分別できなくなっているのが「漢文」という語である。「漢文とは、中国の文語体による文章や文学」である（『国語辞典』）。われわれは古代中国語で表記され中国語で読まれる原漢文（古代漢語）と訓読して日本語古文に翻訳された日本「漢文」とを区別して対処しなければならない。両者を明分する「鍵」は、中国語で「音読」するか日本語で「訓読」するかにかかっている。

　「音読」するという場合、語音はもとより、語法も語義も丸ごと中国語として読むという意味であることは断わるまでもない。その際、語音の「声調」一つをとっても、それをマスターするのにどれほど訓練を重ねなければならないか、学習してみなければ分からないことである。また、一口に「訓読」と言っても、間違いなく訓読するためには返り点や送り仮名法はもとより、日本古典文法の万般に通じていなければ正確な「訓読」を期することは出来ないことも本来「常識」となっているべきことである。

２．漢字の字源と語源

　大昔、中国の原始人たちは東の方角を指して「TUNK・トン」と言い、互いに意思を伝達し合っていた。「今日はトンの方へ狩りに行くべえ」などと。そのころはまだ文字はなく、ことば（発音）のみがあった。

　そのうち、ずだ袋の上下を紐で結わえ、まん中に「トーン」と芯棒をつき通して担ぎやすくした荷物を「トン」と呼び、その形状を象った「東」の原字が創られた。紀元前14、5世紀のころである。その原字は時を経て次第に変化して、現在の「東」にまで変化し定着した。現中国では更にその草書体を昇格させ「东」を正字としている。

　原始人たちは「荷物」の意味の「トン」が「east」の意味の「トン」と同じ発音だったため、この「東」の字を借りて「east」の意味を書き表すことにした。「仮借」という。現代漢語でも「荷物」のことを「东西」と言うところにその片鱗が残っている。

　かくして「東」の字は本来の「荷物」の意味では次第に使われなくなり、専ら「east」の意味で使われるようになった。庇を貸して母屋を取られる仕儀となった次第である。

　方角を表すこの漢字が日本に伝来したのは３、４世紀ごろ。大和人はそのころの漢字音「tuŋ」を「トウ」と聞き、日本語的発音で「トウ」と音読みをすることになった。当時、大和人は「east」のことを「ひがし・ひんがし」と言っていたので、この漢字の日本語読み、すなわち訓よみを「ひがし」とすることにした。日本漢字の「東」には、このほか「あずま」をはじめ「あきら」「はる」「ひで」「もと」など多くの名乗りよみがある。

　さて、後漢の漢字学者・許慎は「東」の字を字面上から観察して、「木の中間に日が昇ってきた様→その方角」と解説した。今日、日本と中国の漢字界では広くこの説が行きわたっている。しかし、漢字をその字形から分析してルーツを解説するこのやり方＝字源解説法は明らかに人間の言語行為「ことば」は「発音」が最初にあり、それを表記する文字（漢字）はあとから創られたとする漢字語源説に真向対立する恣意的な解説である。

３．漢字の本質「四多六難」

　ものごとのたくさんあることを「ゴマンとある」というが、漢字はちょうど「５万字」ある（『大漢和辞典』所載数）。中国で出版された『漢語大詞典』には６万余字が収められている。そのうち、我われが日ごろ目にする漢字は紙誌類を総ざらいしてもその一割にも満たない4000字内外で、わが国の常用漢字数は約2000字、表記手段として漢字だけを使う中国でも常用漢字数は3500字である（一級字＝2500、二級字＝1000）。

　最多筆画数の漢字は64画（龍・16画を４つ重ねた「テツ」、興を４つ重ねた「セイ」の字）で、漢字の平均筆画数は恐らく13、４画を下るまい。

　漢字の本家中国で使われる漢字は原則として一字一音であるが、好（hǎo、hào）、长（cháng、zhǎng）のように一字二音のものもかなりある。中には着（zháo、zhāo、zhuó、zhe）のように４つも読み音を持つ字もあるが、これなどは例外中の例外で、わが国のよ

11

うに一字に最低音訓2つの読みがあり、多いものは30以上もの読み音がある（「一」の例など後述）のに比べるとものの数ではないと言えるだろう。

　かつて文字改革を進める中で、中国の文字学者は漢字の本質を「三多五難」で表現した。「三多」とは、1 字数が多い。2 筆画数が多い。3 読み音が多い（汉语の場合は個々の漢字の発音が約4×400種ある）ということである。「五難」とは、①書くのが難しい（画数の多い字を一マスの中にスンナリ書くのは難しい。「折れクギ流」から脱して筆順通りに美しく正しい漢字が書けるようになるまで、どれほどの時間と労力を要するだろうか）。②覚えるのが難しい（たとえ電子辞書を使ったとしても、漢字の字形・字音・字義を一つ一つ覚えておかねばならない）。③見分けにくい（千と干、土と士、日と曰、未と末、己と巳と巳など見分けるのも書き分けるのも難しい）。④読みにくい。⑤使いにくい。

　これらに更に4（漢字一字の持つ）字義が多い（1字で20〜30の字義を持つものはザラにある）。⑥（漢字は辞書で）調べるのが難しい（英語などと比べてみよ）、を加え日本漢字の本質を「四多六難」としておこう。

4．表意文字 vs 表語文字

　漢字は「表意文字」であるという「常識」が世界中を闊歩（かっぽ）している。確かに漢字はアルファベットＡＢＣのような表音文字に比べると、表意性ないし視覚性が強い文字である。しかし、語音を中心的要素とすることばの表記道具である以上、漢字は隠された形ではあるが表音もしている。ただし、漢字は原則として一つ一つを意味とともに読み音も覚えねばならず、中学卒業時までに中国は3500字、日本は2000字ほどを覚えることを義務づけられている。しかも、日本漢字音は読み方が複雑で、訓よみや名乗り読みを合わせると一字で数十通りの読み方をする漢字はザラにあり、日本人は毎日、漢字と格闘していると言っても過言ではない状況下にある。

　国語の授業で教科書を読まされた時、漢字が読めずに立ち往生した経験はどなたもお持ちであろう。甚だしい場合は、漢字に出合う度に立ち止まって、そばから誰かが読み方を小声で教えてくれるのを待っている子供がいたりする。中国でも立ち止まり現象を招く漢字を「通せんぼの虎（拦路虎 lánlùhǔ／ラン・ル・フー）」と呼んで皮肉る。

　これらはいずれも、漢字が隠された形で読み音を蔵している何よりの証拠と言えよう。

　さて、今や５万字にも膨れあがった漢字のうち、「六書（りくしょ）」の分類で数えると９割以上を占めるのが形声文字である。残りの象形文字、指事文字、会意文字は合わせても数千に過ぎない。象形文字が独体（一個の字形）であるのに対し、その他は原則として二個の字体より成り立つ双体・複合体文字である。

　形声文字は偏（へん）と旁（つくり）の複合体で成り立つ。普通、偏を意（義）符、旁を音（声）符と呼び、偏が意味を、旁が音を表すと解説されている。

　例えば「清」の字は、偏の「サンズイ」が水の意味を、旁の「青」が音（セイ）を表すという風に単純に説明されてきた。

　だが、この「青」の字は、井戸端の木に芽生えた透き通るばかりにみずみずしい若葉の象形文字であり、その感触を象徴して「qīng（チン）」という語音で表現したという語源を持つ。つまり、中国語の漢字音「qīng」には、もと「ものが澄みきっている」という基本概念が込められていたと考えられるのである。

　すると、「青」を旁（つくり）に持つその他「清、晴、睛、精（現在では少しずつ音変化しているが）」などは、澄んだ水、澄んだ（晴れた）天気、澄んだ目、澄んだ（白）米、という風に、「青 qīng」という字音にこそ共通した基本概念があり、偏はむしろ一種の「めやす」にすぎないということが分かってきた。

　『漢字の語源研究』藤堂明保著（学灯社、1963）を見ると、この外、「請（現代音はqǐng）」→澄んだ目（青眼）をもって相手に頼む。「静 jìng」→「清（溜って澄みきった水）」と同系のコトバ。「靖 jìng（立つこと静（しずか）なり）」「情 qíng（人の体中にジッと溜ったエキス）」など、タイプ〔TSENG〕〔基本義：すみきっている〕を持つ単語家族の一字として解説してある。

　「同 tóng」は版築用の長方形の板に「口（あな）」を抜いた姿を示した会意文字である。原音のタイプは〔TUNG（トン）〕、基本義は［つきとおる］である。すると、「洞 dòng」は水際にある穴の抜けたホラ穴。「峒 tóng」は岩山のホラ穴。「筒 tǒng」はシンの抜けた竹筒、「桐 tóng」は幹がつつ型になったキリの木。「銅 tóng」は、もと穴のあいた古代銅貨（現代でも銅銭のことを銅子儿 tóngzir・トンズルという）。人間の「胴 dòng」もいわば穴があいてつつ型になっている形と言える。

　ことばの本質は「音」である。表音文字は限りなく原音に近づけた形で表記できるが、漢字は隠された形でしか表記できない。複雑に変化して伝わる日本漢字音がそのよい例

である。しかし、上記のように、形声文字の声符がそれなりに「表音」しているのであって（表音＋表意＝表語文字）、しかも、原音を辿り帰納することによって限りなく語源に近づく手段とすることもできるのである。

5．个とケ

　八百屋の店先に積まれたリンゴの山に「一ヶ百円」と書かれた値札が差してあるのを見て、学校帰りの小学生が「いっけ百円！」と声高に唱えながら通り過ぎて行くのを見かけた。

　カタカナの「ケ」は漢字「介」から作られたというのが定説だが、少なくともこの値札の場合「ケ」は、漢字「个」の変形字であろう。

　「个」は「竹」の象形文字「个个」の一つで、竹かんむりの「箇」や「個」とともに、これら三字は同音同義の、字形のみが異なる異体字同士である。中国では、1964年、簡体字を制定する際、この三字のうち最も簡単な「个」を正字として採用した。「gè（コヲ）」と発音する。

　いまどきの中華料理店に入ると、中国からの留学生とおぼしきアルバイト店員がいて、「ラーメン、リャンコ」と調理場に注文を伝えるのを聞いたりする。「リャンコ」は「两个 liǎngge」で「二つ」という意味。「两」は数詞、「个」は固形のものを数える量詞。従って、前述の「一ケ」は本来「一个」と書き、「いっこ」と読むべきであったのだ。

　「个」は中国では最も頻繁に使われる日常用語で、量詞のほか、名詞としても「个人（個人）」「个別（個別）」「个体（個体）」のように使われる。また、語と語の間に投げ入れる形で強めたり、つなぎの役を持たせて使われたりすることもある。「睡了个好觉（ぐっすり眠った）」。

　わが国の地名や苗字に使われる「桜ケ丘」や「根ケ山」の「ケ」はその準用ではないだろうか。「个・箇・個」は「カ」が呉音と漢音、「コ」が唐宋音で、日本語の発音習性により時に濁音化することがある。そこで最近では発音通りに「桜が丘」などとひらがなで書くところも出てきたようだ。ところで、わが国の常用漢字表によると、「箇」は「カ」、「個」は「コ」に読み分け、かつ書き分けなければならないとなっている。では、「箇人」と「箇箇」はどう読むのか。「カジン？」「カカ？」常用漢字表を制定した国語審議会委員の「漢字力」の貧弱さがほのみえてくる。

6．娘と嬢

中文和訳の授業で、ある農家の娘が母親に向かって呼びかける「娘 niáng！」を「娘_{むすめ}よ！」と訳して爆笑を買った学生がいた。正しくは「おっ母さん！」と訳すべきであったのだ。

日本語漢字の「娘」は、音よみでは呉音が「ニョウ」、漢音が「ジョウ」、唐宋音で「ニャン（娘娘廟＝ニャンニャンビョウ・中国の安産祈願の寺）」、俗音「ロウ」。訓よみでは「むすめ」で、これは「生_むす女_め」が語源という。

「娘」を国語辞典で引くと、①（親からみて）自分の女の子。②未婚の女性、おとめ、少女と解説してある。

一方、中国語の辞書には、「娘」は①母、お母さん。②目上や年長の既婚の婦人（老大娘_{ラオダーニャン}＝おばあさん）。③若い女性（姑娘_{クーニャン}＝むすめさん）という３解説がある。

「娘」の旁_{つくり}は「良 liáng（リャン）」なのに、この語がどうして「niáng（ニャン）」と発音されるのかと言えば、漢語の方言音には l 音と n 音を混同する傾向があって、この語の場合、n 音の方が標準語音として定着してしまったからだと思われる。

「娘」の原字は「嬢（孃）」である。旁_{つくり}の「襄 niaŋ→xiang」という語音には、もと「ものの中に何かがわり込みふっくらとなる」という基本概念があったと言われる（『漢字源』学研出版）。

〇酒つぼの中で材料に酵母をわり込ませ仕上げていく酒が「醸造酒」。

〇土の中に肥料をわり込ませ柔らかくした土が「土壌」。

〇中へわり込んだものを払いのけたり盗んだりする意に転じたのが「尊皇攘夷」。

〇歯に金属をわり込ませた義歯のことを現代漢語で「鑲牙 xiāngyá」という。

〇穀物類がみっちり肉をつけ実ったさまが「豊穣」。

この伝でゆくと、われらが「嬢」は、もと「身体的にみっちり肉をつけ、ふっくらとしなやかで柔らかい女性」を語源にしていると言える。日中の嬢（娘）字の意味分化は後世になって漸次起こったものと考えられる。

7．谢＆謝

ツアーを組んで中国へ観光旅行に出かけたときのこと。団員の一人が「ありがとうは中国語でどう言うのですか」と尋ねるので、「谢谢 xièxie（シエシェ）です」と教えると、初めのうちこそそれなりの発音をしていたが、そのうち「シエーシェ」となり、翌

日にはなんと「シャーシャ」と言っている。「もう少しましな発音をしなさいよ」とやんわりたしなめると、「でも相手はちゃんと分かってくれましたよ」と抗弁される。「そりゃ、買物した後に言うのだから、少々なまっていたって通じますよ」と言い、その後その方とは遠く離れて歩くことにした。

　しかし、考えてみると、正式に中国語を学んだことのない人に正しい発音を要求する方が、どだい無理な話であった。中国語には一つ一つのことばに「声調（四声）」という独特な要素があるので、英語などと比べても倍くらい発音が難しい。簡単な日常会話をマスターするだけでも優に２〜３年はかかるが、それさえうまく言えぬまま途中で挫折してしまう中国語学習者が多いのは、偏えにこの「声調」の関門を突破できないからと言ってよい。

　タクシー（汉语では的士 díshì、自動車は汽车 qìchē と言う）の運ちゃん（司机 sījī スージー）が、通りがかりの人に道筋を聞いたあと、「谢呀 xiè ya（シエ・ヤ／ありがとうよ）」と片手をあげて礼を言っているのを見かけたりする。

　「どうもありがとうございます」は「多谢 duōxiè」。これを重ねて言うと謝意が深まる。すると相手からは普通すかさず「不谢 búxiè（ブ・シエ／いちいちありがとうなどと言わないで）」という返事が返ってくる。とかく日本人は「谢谢」を連発するのだが、中国人は当然のことをしたまでとお礼を言われるのはむしろきまり悪いと言わんばかりである。

　中国人は国民性もあるのだそうだが、あまりお礼やねぎらいのことば「辛苦了 xīnkǔ le（シンクー・ラ）」を発しないようだ。「ごめんなさい（对不起 duìbuqǐ／トエ・ブ・チー）」に至っては、先にこれを言った方が自分の非を認めることになるからあまり言わないのだと聞いたことがある。

　さて、わが国では「謝」は普通「あやまる」と訓読みし、「ごめんなさい」の意味である。「深謝」とか、「陳謝」の漢字語を見ても分かる。もちろん、日中双方とも「感謝／感谢 gǎnxiè（ガン・シエ）」は「感謝してます」の意味で、「謝罪／谢罪 xièzuì（シエ・ゾエ）」は「あやまる」の意味だから、両国ともこの両義を共通して使っていることになる。

　だが、「謝」はなぜ相反するこの両義を持つのであろうか。

　その疑問を解くには、『漢字源』（学研出版）でこの字の基本義を探るのがてっとり早

いようだ。

　——「謝」の旁「射」は、もと弓に矢をつがえて発射するさまを示している。発射とともに張っていた弓と弦が緩んで旧態に復するのを「シャ」と言った。「赦（ゆるめる・ゆるす）」や「捨（手をゆるめて放す）」「紓（ゆるやか・ゆるめる）」などと同系のコトバであるという。

　現代漢語（中国語）で、「花謝了 huā xiè le（ホア・シエ・ラ）」とは、花が咲きほこって緊張していたのが緩んでしぼむこと。同様に、人間が人に恩を受けたり、逆に人に迷惑を及ぼしたりした場合に、心が「すまない」という気持ちで緊張し「シュン」となる。その時、謝礼を述べたり、謝罪したりすることによって心の緊張が緩んで元にもどる。つまり、「ことばでもって心の緊張を解く」が「謝」の基本義であり、相反する両義の発生する原因だったわけだ。

〈笑い話を一つ〉

　中国語を習いたてのグループで中国観光旅行した時のこと。団員の一人がデパートで買い物をすませ、例によって気軽に女性店員に「謝謝 xièxie」とお礼を言った（つもりであった）。

　ところが相手の女性店員、くるりと背を向けるや棚から靴をとり出して並べだしたのである。その人が「謝 xiè・第4声」を「鞋 xié（シエの第2声・靴）」に訛って発音してしまったからだった。

8．△△的△△

　数年前、若い男女の「ぼく的」とか「きみ的」などのものの言い方が日本語の乱れ現象として話題を呼んだ。「わたしはそう思います」をわざわざぼかして、「わたし的にはそう思います」という言い回しにノーマルな日本語感覚の持ち主は違和感を覚えた。それは、自分の考えを明白に相手に伝えることを本命とする言葉遣いに、個人的「甘え」の精神を取り込んだ言い方をすることに異常性を感じたからであったろう。

　汉语（中国語）の「的」は「的当 dídàng（ぴったりだ）」「的確 díquè（ほんとうだ）」とか「目的 mùdì（目的）」「中的 zhòngdì（的にあてる）」のような形容詞や名詞用法の外、助詞（de）としていくつかの用法がある。

　①所属や所有・修飾の関係を表す。「我的书 wǒ de shū（私の本）／木头的桌子 mùtou

de zhuōzi（木のテーブル）」

　②名詞化する。「送信的 sòng xìn de（郵便配達夫）／种地的 zhòng dì de（農夫）」→わが国の「泥的（泥棒）、取的（力士）」の類。

　③名詞について「〜のような、〜の性質をおびた、〜の状態である」などの意を表す。「私的 sīde（私的な）／科学的 kēxuéde（科学的な）」

　④「A是B的」の形で名詞化し確認の意の文を作る。「这是我写的 zhè shì wǒ xiě de（これは私が書いたものだ）」

　⑤確認の意を表す語気助詞。「他要去（彼は行く）→他要去的 tā yào qù de（彼は必ず行く）」など。

　現代漢語の「的」は古漢語の「之 zhī」が発展変化したものだという説があるように、普通、日本語の「の」に訳される。しかし、実際は多種多様・複雑微妙なニュアンスを表す重要語で、それらのうちのいくつかの用法が日本語の中にも入り込んできているわけだ。

　上記「ぼく的」の言い方は③の日本式ズッコケ用法であろう。

　ところで、先般、大学の独立法人化を推進する文案のキー・ワードとなった「競争的環境」なる和製漢語は、「競争社会」と「狂燥的環境」を組み合わせ「あいまいにぼかし」て表現したものになっていないだろうか。

９．与＆与

　「与（会意兼形声文字。語源＝かみあわす／力を合わせる）」は「與（二人が両手でいっしょに物を持ちあげるさま）」の本字である。「舁（力をあわせてかつぎあげる）」や「擧（挙、力をあわせて持ちあげる）」「輿（力をあわせて持ちあげるみこし）」と同系のコトバ（『漢字源』）。本字の草書体からひらがなの「よ」、略体の終画からカタカナの「ヨ」ができた。

　『大漢和辞典』で「與」を引くと40項目にもわたる訓よみと意味の解説がある。雑然と並べられたそれら解説を、今、文法的観点を軸にして整理してみる。

　①〔動詞用法〕（イ）くみする（力を合わせる、仲間になる）。（ロ）あずかる（参加する。この時、「汉语」は参与cānyù）。（ハ）あたえる。（ニ）その他（下記）。

　②〔名詞用法〕よ〜（組・仲間）与党、与国。国字 与太者、与力。

③〔副詞用法〕〜とともに（不可与言／ともに言うべからず）cf. みな（挙）。

④〔前置詞用法〕（イ）と（与朋友交／朋友と交わる）。（ロ）より（与其A寧B／そのAならんよりはむしろBなれ）。cf. おける（於）。

⑤〔接続詞用法〕〜と…と（貧与賎／貧と賎と）

⑥〔助詞用法〕か、や（歟＝欤 yú）文末につけて疑問や反語の気持ちを表わす。

⑦〔擬態語用法〕与与（繁ったさま。我黍与与／わが黍よよたり〈詩、小雅、楚茨〉）。

⑧〔その他の用法〕比較を表す疑問代詞。孰与（いずれぞ）（孰与君少長／君の少長と孰与ぞ〈史記・項羽本紀〉）

【参考I】①の補足・ほどこす（施）　かえす（還）　まつ（待）　もちいる（用）ともにする・つれだつ（偕）　かぞえる（数）　はかる（謀）　する・なす（為）　いう（謂）　ごとくする（如）　ほめる（誉）

④の補足：もって（以）　ために（為）

㊒として　やわらぐ（和）　よい（善）

【名付けよみ】あたう　あたえ　あと　あとう　くみ　すえ　ため　とも　のぶ　ひとし　もと　もろ　よし

　以上、名乗りよみも含めて勘定するとすれば、「与」には実に 40 通りもの「訓よみ」があることになる。古漢語を読解する際、文法用法を含めて少なくとも 10 通りの「よみ」の知識が必要となるわけだ。

《「与」の字余話》

　『論語』公冶長篇に「与」の字を含む章句がある。どの字義で解釈するかで二様のとり方ができるのだが、果たしてどちらが正解であろうか。

　──ある時、孔子は弟子の子貢に尋ねた。「お前と顔回とはどちらが秀れているかね」子貢は答えて、「私など顔回には及ぶべくもありません。顔回は一を聞けば十が分かる秀才です。私めは一を聞いてせいぜい二が分かる人間です」孔子は言う、「及ばないね。吾与女弗如也／①吾と女と如かざるなり」。→⑤　②吾、女の如かずとするを与す。→①の補足語

　孔子はこともあろうに高弟の子貢に対して、第一の弟子の呼び声高い顔回と比較させるという、師としてあるまじき質問を発している。

それはともあれ、この一文には①の「わしとお前は及ばないね」と②の「わしはお前が及ばないと言うのを許してやる（賛成だ）」との二解がある。

　①でとれば、顔回＞孔子／子貢、②でとれば、孔子＞顔回＞子貢というランクづけができ上る。

　①の文構造は、〔吾与⑤女〕主語Ｓ－〔不（否定の副詞）如（述語動詞Ｖ）也（文末の助詞）〕の動詞述語文。

　②は、〔吾Ｓ〕－〔与①Ｖ〕－Ｏ〔女Ｓ－（不）如Ｖ（也）〕という動詞述語文を目的語とする漢語の最もポピュラーな〔Ｓ－Ｖ－Ｏ〕構造文となる。

　①が正解であることは言うまでもない。②は、「与」を無理に「許」にみたて、文構造も複雑化して、孔子を最上位に置くため躍起になって曲解していることが分かる。

10．人名漢字の混乱

　今に始まった話ではないが、学校の先生方が新学期に最も頭を悩ますのが児童・生徒・学生の名前がすんなり読めないことである。まじめな先生は正しい呼び名を一晩かかって調べるという。しかも、いっぺんには覚えられないため何度か呼び間違えをした揚句、訂正する方も諦めてしまい卒業するまで、いや、一生の間、間違った呼び名で通してしまう人だっていることになってしまう。

　どうしてこういうお粗末な事態になってしまったのであろうか。

　それは第一に、人の名前というものは誰にでもすぐ読めて親しみやすいものであるべきだという大前提が忘れ去られ、名付けは親の権利とばかり 恣（ほしいまま）な自由主義・個人主義が横行しているためである。

　第二に、近年の漢字力の低下により親権者が音・訓読みの区別もつけられず、徒（いたずら）に名乗り読みに依りかかって、それをよしとする風潮がはびこっているせいである。

　たとえば漢数字の「一」は、漢語では唯一「yī（イー）」という高く平らな第一声の発音があるのみである。ところがわが国には、まず音よみで「イチ」「イツ」「イッ」がある。これは中古漢語の入声音（にっしょう）（*yit／イッツ）が日本語式に訛ったものである。訓よみでは正訓の「ひとつ」「ひい」、義訓の「一人（ひとり）」「一日（ついたち）」「一昨日（おとつい）」「一昨年（おととし）」「一昨昨日（さきおととい）」「一荘（イーチャン）」「一寸（ちょっと）」など優に10通りを超す「読み」がある。

　わが国にはさらに漢字の「名乗（なのり）よみ（名付け用の読み方）」がある。篤姫の幼名「おか

つ」は、この「一」の名乗読み「かつ」に接頭辞の「お」を付けたものである。漢語の南方方言には親族の呼び名に「阿」を冠したものが多くある。「阿爹（お父ちゃん）」「阿婆（おばあちゃん）」などなど。先ごろ、アジアを席巻したテレビ映画「おしん」の中国名は「阿信」である。そうすると、親しみや尊敬・美化などのニュアンスを表すこの接頭辞「お」は、もと漢語に起源があると見なしてよいようだ。出雲の「阿国」。

　ところで「一」の名乗読みには「かつ」のほか、「おさむ」「はじめ」「ひとし」をはじめ、「もと」「ピン」など30通りもの「読み」がある。つまり、「一」という漢字は、わが国では一字で占めて40通り以上の「読み」を持つことになるわけだ。日中の読み方の比率は40対1！となる。その他の漢字もすべて推して知るべし。

　昔、学生に自分の名前の漢字を音訓両読みさせたところ、大多数の学生が正答できなかった。少なからぬ学生が、日本の漢字には漢語原音が訛って伝わった音読みと大和ことばの本来の意味を当てて読む訓読みがあること、日本漢字音には更に呉音・漢音・唐宋音・慣用音・特殊音があり、字訓には正訓・義訓の別があり、二字熟語には湯桶よみ・重箱よみのあることを弁えていなかった。

　日本の漢字・漢字語の形・音・義にわたるこれら基本的知識をしっかり身につけて、人の親となった時、誰にも迷惑をかけず、支障を来さず、誰からも親しまれ愛される名前をつけたいものである。

　ちなみに、保険会社の統計による一昨年生まれた赤ちゃんに付けられた名前のベストテンを見てみよう。

　かな書きの女児名「さくら」「ひなた」を除く21人分の漢字名は、音よみの「翔太」「優奈」、訓よみの「大和」「葵」などのほか、「大翔」を「ひろと」「はると」「やまと」、「陽菜」を「ひな」「はるな」と読むなど、いわゆる名乗よみのものが半数近くを占める。

　テレビドラマで活躍した主人公の名前を借用するのはまだしも、源氏名の上を行く女児名がはびこるのはいかがなものか。

　「寿限無寿限無五却のすりきれ海砂利水魚の水行末雲来末喰うねる所に住む所ヤブラコウジのブラコウジパイポパイポのシューリンガシューリンガのグーリンダイグーリンダイのポンポコピーのポンポコナーの長久命の長助」さん。

　落語「寿限無」が笑いのうちに名付けの親心と社会性の大切さを教えているではないか。

11. 訓読漢字学者・白川静氏批判

漢字は本来、一字が一形一音一義を持ち一語となる。約めて言えば一字＝一 word である。

専ら漢字の字形に着目して、字体を分析したり字源を追究したりするのが漢字の「字源研究」である。漢字原音を捨象し、日本漢字音で間に合わせるこのやり方は、いわば訓読法を踏襲した「研究」で、白川静氏に代表させられる。

一方、漢字の字音を重視して漢字を語（ことば）として捉え、単語家族を構成して基本義を帰納してゆくのが漢字の「語源研究」である。前記、藤堂博士がその集大成者である。

今、両研究の方法の違い、説明の違い、結論の違いを「教」の字をもとに比較検討してみよう。

〔白川静『常用漢字』（平凡社 2003）の解説〕

教（敎） 11 画　キョウ（ケウ）おしえる。おそわる。（今、甲骨文字・篆文などの字形を省略する。）

[解説] 会意。もとの字は敎に作り、爻と子と攴（攵）とを組み合せた形。爻は屋根に千木（交叉した木）のある建物の形で、校舎をいう。子はそこで学ぶ子弟。爻と子とを組み合せた孝は学（學）（まなぶ）のもとの字である。爻に攴（鞭）を加えて、学舎で学ぶ子弟たちを長老たちが鞭で打って励ますこと、鞭撻することを示し、敎は「おしえる」の意味となる。千木のある建物の形式は、わが国の神社建築に残されているように、神聖な建物の形式である。古代の中国では、その神聖な建物に一定年齢に達した貴族の子弟たちが集められ、長老たちから伝統や儀礼などを教えられたのである。

《批判的解説》

上記白川説によれば、中国の原始社会にすでに×印の千木を屋根にしつらえたわが国の神社風の「神聖」な校舎があり、貴族の子弟が（ということは紀元前 10 数世紀前後の中国を貴族奴隷制社会とみたててのことか）出入りし勉学に勤しんでいた。（村の、ではなく退職した貴族の）長老たちが（原始共同体の）伝統や儀礼（孔子の言う西周典章制度か）を教え、出来の悪い子弟（紀元前 500 年ごろに生きた孔子は 15 才で学に志した）やふざけ回る子弟を鞭でひっぱたいて教えたという仕儀に相成る。

氏の膨大な字源解説は総じて一種神がかり的な結論に行きつくものが多く、とても科

学的・言語学的検証に耐えうるものとは言い難い。その行論が言語学的根拠に乏しい根本原因は、氏がことばの三大要素〔語音・語義・語法〕および漢字の定義〔形・音・義〕の「音」の側面を軽視ないし無視していることにある。その意味で、古漢語を訓読する弊害と氏の字源研究の欠陥は通底していると言わざるを得ない。

　次に掲げる前記、藤堂博士の語源研究の解説がその通弊を見事に暴いてくれるであろう。

〔藤堂明保『漢字の語源研究』の解説〕

　教の字の甲骨文字の左側には×印と子の字とを含んでいる。右側は動詞の記号である（攻・改・政などの右側と同じで、手に棒か道具を持って作業する姿を表わす。しかし攴印が教の字に含まれているからといって、子供を棒やムチで叩いてしつけたわけではない。攴は動詞を表す記号と考えてよい）。教とは、AとBの間に交流の生じることを本義とする。おしえるAの側からいえば「おしえる」ことに違いないが、受けるBの側からいうと、「效う（まねる）」ことである。従って教育の教（jiào）と、倣效（みならう）の效（xiào）とは、同じ動作の両面にすぎない。

　この效の一面を強調した入声の字が「學」である。その甲骨文字は、やはり×印を含み、さらに左右の両手と、建物の形とを含んでいる。つまり何物かを伝授され、またそれを見てまねる建物（→学校）を意味する文字である。何を教え習ったかは別として、中国における学校の起源のきわめて古いことに驚かざるをえない。

　以上を総合すると、この単語家族（交、咬、絞、校、較、郊、肴、教、效、学、覚など）の基本型は、**タイプ**〔KOG/KOK〕**基本義**：X型に交叉する、しぼる、と帰納される。

コラム（1）
何気なく入学した漢文学科で漢文に出会う

　私は 1940 年に台湾で生まれ、太平洋戦争の終戦を台湾でむかえました。終戦から 1 年後、6 歳の時に父の郷里鹿児島県に引き揚げてきました。

　小学生から高校までを鹿児島で過ごしたわけですが、やんちゃで生意気な少年だったと思います。勉強はそれなりにできましたが、いつもいたずらや悪さばかりしていました。終戦後の混沌とした時期で、トラブルも多い世の中でした。学校でケンカすることなんかもありました。

　音楽が好きで高校では軽音楽部に所属し、マンドリンやアコーディオンなどを学園祭で演奏したこともあります。

　私が見た鹿児島の風土は、保守性が強く、勉強を強制するという雰囲気。それに反抗して、「あんまり勉強ばかりさせるな。青少年時代に好きなことをさせるのが教育ではないのか」と主張していました。生意気で反抗的だったと今でも言われます（笑）。目上の人にも臆せず意見をはっきり言うタイプだったので、先輩に目をつけられ撲られることも度々ありました。

　そんな私が漢文の世界に足を踏み入れるきっかけになったのは、東京教育大学の文学部漢文学科に入学したことです。台湾で生まれ育ったから漢文に関心があったわけではなく、実は一番競争率が低いのが漢文学科だったからです。それでも倍率は 12 倍くらいあったと思います。

　教育大学に入ったのは教師をやりたかったからではなく、教師なら食いっぱぐれがないだろうという算段からでした。当時「でもしか先生」とはよく言ったもので、教師にでもなるか、教師にしかなれない、なんて言われていました。本当はジャーナリストになりたいという淡い想いもありました。

　そんな理由だったので、入学前は漢文というものがなんだかもわからない状態でしたが、実は東京教育大学の漢文学科は日本漢文界の総本山のような場所だったのです。ここを卒業した学生が中学や高校、大学の教師になり、漢文を教えるわけですから。

　しかし、私は入学後に漢文の驚くべき実態を知ります。漢文というとレ点などをつけて読みくだす「訓読法」が広く知られています。しかし、訓読法によって中国古典をあ

る程度は読み取れますが、正しく理解できているのは実は 7〜8 割程度であることを知ったのです。

　その結果、訓読法に反発を覚えてから、今に至るまで「訓読法反対」を言い続けています。

　訓読法というのは、普通に考えてみるとおかしな話です。日本語ではない外国の言葉で書かれた文学の思想を学ぶのに、その国の言葉を知らないで学ぶことはありえないですよね。できるはずがない。

　必ずその国の現代の言語を学んでからさかのぼって学んでいきます。しかし、こと漢文に関しては中国語をまったく知らない人が、論文を書いてお偉方になっていて、きちんと中国語ができる人はほとんどいないのです。

　ほかの外国の思想と違い、漢文だけこうした状況になっている理由は、漢文が日本人にとってなじみのある漢字で書かれているから。小学校から習っている漢字で書かれていて、文字を見るだけでなんとなく意味がわかってしまう。

　さらに、江戸時代にできた訓読法が存在している。そのため、漢文は訓読法で学ぶことが一般的になってしまっているのです。そのことに大学入学後に気づいた私は、まず中国語で意味を理解してから漢文を読み解くべきだと考え、中国語を学び始めました。

　大学で一番勉強したのは、中国語でした。中国語の授業や現代中国文学の授業を受け、中国語関連の授業だけで 28 単位も取得しました。漢文学科の学生は、卒論では古典の漢文について書く人が多いのですが、私は現代中国語関連の論文を書きました。漢文学科でも中国語をしっかり学ぶ学生は非常に少なかったのです。

二章　漢語新論

１．カタカナ語化したもと漢語

（１）『ペケとペテン』の漢語ルーツ

　手もとにある辞典類で調べてみると、「ペケ（だめなこと、気に入らないこと、役にたたないこと）」の語源として、次の３由来説があげてある。

　①マレー語の「pergi」から。

　②中国語の「不可 bùkě」から。

　③中国語の「不夠 búgòu」から。

　①の原語の意味は、「あっちへ行け」、②は「いけない、だめだ」、③は「不足である、不十分である」ということだから、我々がふだん使っている「ペケ」に意的に一番近いのは、②ということになる。

　発音上も、①や③より②の「bùkě（両唇閉鎖音〔b〕、軟口蓋閉鎖音〔k〕、比較的狭い唇を丸める母音〔u〕や〔e〕）」が、日本語として発音する時の「ペケ peke」に最も近いと言ってよいだろう。

　「ペテン（だますこと・手段、〜にかける）」の語源にも、次の３由来説がある。

　①中国語の「挷子 pēngzi」から。

　②中国語の「骗子 piànzi」から。

　③中国語の「欺骗 qīpiàn」から。

　①（挷子手の手をとったものか）や②は、いずれも「かたり、詐欺師」という名詞用法の漢語であり、これに対応する日本語にも「ペテン師」という言い方がある。そもそも、「〜子」という漢語接尾辞は、「餃子ギョウザ」や「椅子イス」等以外は普通「面子 miànzi メンツ」のように訛伝しているから、もし①②が語源であるとすれば「ポンツ、ペンツ」のようになる可能性が強い。

　③の場合、中国語の舌面音「qi」が日本語の「テ」に聞きとられたのではないだろうか。そうして「qīpiàn」は初め「テペン」と聞きとられ、口頭で使われるうちに「ペテン」に音変化したのではないかと推定される。「山茶花」が初め呉音読み「サムサクヮ」

から「ササムクヮ」に音変し「サザンカ」として定着したのではないかと考えられることを相互証左の例としてあげておこう。子供が時に「じゃがいも」を「がじゃいも」という現象を傍証としてつけ足しておこう。

（２）マージャン

『大漢和辞典』で「マージャン（麻雀）」に関する項を調べると、次のようなことがわかる。

マージャンは、古く宋代（1200年頃）に呉の地（現江蘇・浙江省）に興った遊びらしい。マージャン牌を積み上げて一組とし四門に配した様（さま）が馬の四足に似ているところから、初め①「馬掉脚 mǎdiàojiǎo（馬が落っことした足）」と呼んで、時の塩商人たちが盛んに打ち興じていたという。先般、そのころの豪商の邸宅跡を観光した時、隠し部屋にさえ立派なマージャン卓がしつらえてあったのには恐れ入ったものだった。

それは俗に②「馬吊（弔）mǎdiào」と略称され（ローマ字表記は現代漢語音による。従って中古漢語音或いは呉方言音の実際とはかなりの差異があるであろうことを断っておく）、当時、呉の地では「鳥」類を「⼕の去声 diào」で発音していたことから、音通で③「麻鳥 mádiào」或いは④「麻雀 máqiào」と当て字されていたのではないかと推測される。

この遊びは、清代には寧波（ニンポー）に持ち込まれ、そこから海外へも伝播して行った。その過程で呼び名も更に⑤「麻將 májiàng、馬將 mǎjiàng≒マージャン」に訛伝されていったのではないかと考えられる。

現代漢語の「麻雀 máquè」は、本来「すずめ（家雀儿 jiāqiǎor）」の意である。このことから、わが国ではマージャンの語源を、

（イ）マージャン牌を並べた様が雀の翼を広げた形に似ているところから起こった。

（ロ）マージャン牌をかきまぜる音（カチャカチャ）が雀の鳴き声に似ているところから起こった。

とする２説が見受けられるが、（イ）の視覚的見地からの説も、（ロ）の聴覚的見地からの説も語源俗解に過ぎない。ただし、ひょっとすると、②→③の過程で、（ロ）説が介入している可能性なきにしもあらずと言えば、ひいき目（耳？）にすぎるだろうか。

（３）ゆタンポ&チャンコなべ

　最近、電気毛布などよりずっと身体にやさしいということで、ユタンポが見直されている。冷えこんだ夜、布団にそっとしのばされたユタンポに足を乗せて、しばし幸福感に浸る向きも少なくないであろう。

　ユタンポは漢語の「汤婆 tāngpó タンポォ」を語源としている。自分の奥さんのことを中国語で「老婆 lǎopó ラオポォ」という。夜、その奥さん代りに抱いて暖をとるお湯ということで、ついた名前が「汤（湯）婆」である。

　この語がわが国に伝来した時、日本人は更に訓読した「湯」の字を接頭辞的に上に加えて「湯汤婆＝ゆタンポ」と呼ぶようになったと考えられる。

　今日、お相撲さんの鍋料理の代名詞ともなっている「チャンコナベ」は、漢語の「铲（鏟）chǎn＝チャン（ヘラやシャベル状のものですくいとる意）」と「锅（鍋）guō＝クオ（なべ）」との組み合わせでできたものではないかという語源説がある。しかし、中国語には「锅铲 guōchǎn（野菜などをいためる時に使う杓子）」という語はあるが「铲锅」という語はない。

　日本語の発音で「チャン」というカナ書きに近い音を持つ中国語に「炝（熗）qiàng（野菜をゆでて調味料を加え混ぜ合わせる）」があり、かつ「炝锅＝チャングォ（ごった煮の鍋）」という語もある。

　どうやら「チャンコナベ」は「ユタンポ」とは逆に、中国語の「炝锅」の後に更に接尾辞的に日本語訓読した「鍋」をくっつけたもののようだ。→「炝锅（チャンコ）＋鍋」他にも「チャンコ＋料理」という語のあることがそのことを裏付けてくれる。

　さて、この伝でゆくと「チャンポン（①二種以上のものを混用すること。かわりばんこ。②めん類、肉、野菜などを一緒に煮た中華料理）」もこの「炝」と「烹 pēng ポン（調理法の一つ。各種の食材をいためたり煮こんだりしてから調味料を加えかき混ぜて皿に盛る。割烹の烹）」とが組み合わさってできた語であることが類推できよう。

（４）あんぽんたん

　「あんぽんたん」を国語辞典で調べると、漢字で「安本丹」を当て、「反魂丹になぞらえた語」とか、「アホダラを音便にはねた語」とか「アホウの転か」あるいは「西南海の蛮国の名か」などとそれこそ御託を並べている。

「あんぽんたん」はもと漢語の「忘八蛋 wángbādàn ワンパータン」をルーツにしているとみられる。

　「忘八」は同音字で「王八 wángbā」とも書き、「スッポン」とか「ばか者」という罵語であるが、本来、人間として身につけるべき八つの徳目「礼、義、廉^{レン}、恥^チ、孝、悌^{テイ}、忠、信」を忘れたばかな奴という意味である。

　「蛋^{ダン}」はもと「卵」の意味だが、接尾辞的に人間（特に男性）の蔑称として使う。「混蛋 húndàn」「笨蛋 bèndàn」「湖塗蛋 hútudàn」など皆「おろか者」の意である。

　この種の罵語は他にも「笨家伙 bènjiāhuo」「蠢货 chǔnhuo」「雑種 zázhǒng」「畜生 chùsheng」など事欠かないが、解放前はこの種の下品極まる罵語が数多^{あまた}あった。解放後、これらの罵語が姿を消していることが、民度の高まりを逆証していると言えようか。

　「ワンパーダン→アンパンタン→アンポンタン」の音変化は、「八十寺^{ハチジュウジ}→ハッシンジ」「皆^{みな}→みんな」「南^{みなみ}→みんなみ」「鳶^{とび}→とんび」のように本来の語音に「ン」を加える例、また、「何ぞ→なんぞ」「納戸→なんど」などのような撥音便化の例を考えれば、あながちありえない音変化ではあるまい。

　もちろん、英語の one pattern とは何の関係もない。

　ついでに「**イチョウ**」の語源も探っておこう。

　与謝野晶子はイチョウの葉を小鳥にみたてたが〈金色の小さき鳥の形して　いちょう散るなり夕日の丘に〉、中国人はアヒルの足にみたてて「鴨（鴨）脚 yājiǎo＝ヤァチャオ」と呼んだ。それがわが国に訛伝されて「イチョウ」となり、「銀杏^{ぎんなん}」の別称となったのである。京都には「鴨脚^{いちょう}」さんの苗字を持つ方がいるし、その変形と思われる「伊調」さんもいる。

（5）トンチンカン＆トンテンカン

　『日本国語大辞典』は「とんちんかん」をこう解説している。――「頓珍漢」は当て字。かじ屋の相槌を打つ音が交叉してそろわないさまから、①物事が行き違ったり前後したりしてわけがわからなくなること、つじつまが合わないでちぐはぐになること、また、そのさま。②とんまな言動をすること、また、そのさまや人、と。

　ところが、落語などでかじ屋が相槌を打つくだりを聞くかぎり、その擬音は「トンテンカン、トンテンカン」と表現し、決して「トンチンカン」とは言わないのである。

　どうやら上記解説者は「トンテンカン」と「トンチンカン」を混同し、ちぐはぐな語

源解説を行っているようだ。因みに、上記辞典には「とんてんかん」の項目はない。

　「トンチンカン」はもと漢語の「懂 dǒng トン（よくわかる）」と「听 tīng チン（聞く）」「看 kàn カン（見る）」がこの順序で組み合わさって出来上ったカタカナ語のようである。これがどうして「つじつまが合わない」意味になるのかと言えば、「聞いてわかる、見てわかる」の漢語は「听（得）懂 tīng（de）dǒng チントン、看（得）懂 kàn（de）dǒng カントン」、「聞いてわからない、見てもわからない」は「听不懂 tīng bu dǒng チンプトン、看不懂 kàn bu dǒng カンプトン」である。

　漢語（中国語）は語順が非常に重要な言語で、単語（漢字）をどのような順序で並べるかによって文法的な機能を果すので、「位置語／孤立語」と称される。どんなに簡単なことばでも、一旦、単語の順序を取り替えるとたちまち意味が変わるか意味をなさないことばになってしまうのである。

　上記の場合、「听チン→懂トン」「看カン→懂トン」は必ずこの語順に並べないと本来の意味をなさないわけで、これをごっちゃにして、「トン→チン」「トン→カン」と並べるとまさに「トンチンカン」な仕儀と相成るのである。

（6）チンプンカンプン

　「チンプンカンプン」を国語辞典で調べると、たいてい「珍紛漢」「陳奮漢」、はては失礼にも「珍糞漢糞」などと当て字している。但し、その意味についてはどの辞典もほぼ共通して、「わけのわからないこと・さま・人・ことば」「唐人の寝言」「儒者の用いた漢語をひやかしていったところから、わけのわからぬことば、珍糞漢語」などと解説している。

　この、①もと漢語に由来すること、②わけのわからない意味という二点を押さえれば、ちょっと中国語をかじった者であれば、それが「听（聴）不懂 tīng bu（dǒ）ng チンプ（ト）ン、看不懂 kàn bu（dǒ）ng カンプ（ト）ン（聞いてわからない、見てもわからない）」の発音が縮まった形で日本語化したものであることにすぐ察しがつくであろう。これは、「听懂（聞いてよくわかる）、看懂（見てよくわかる）」という補語構造語の間に可能・不可能の意を表す助字「得・不」の「不」を入れ込んだ連語（フレーズ）なのである。

　中国語音の「ti」は日本語タ行音の「チ」で表記される。また、「-n」と「-ng」は呉音漢音の漢字音では「－ン」と「－イ・－ウ」に発音しわけるが、唐宋音では両者を区

別しないものも多い。「南京 Nánjīng→ナンキン」「行灯 hángdēng→アンドン」など。

「餃子（ギョウザ）」「飲茶（ヤムチャ）」「焼売（シューマイ）」「椅子（イス）」「面子（メンツ）」などは、原漢語と日本式になまった発音とが不即不離の形で日本語化し広まった。薩摩の「ショウチュウ」のように、もと「焼酒 shāojiǔ」という漢語から「焼酎」という和製漢語表記になったと思われる複雑な変化を辿った語もある。日本漢字音は「酒→シュ」／「酎→チュウ」だから。

一方、「ラーメン」や「チャンポン」などはなまった発音のみが一人歩きしたことばなので、その漢字表記を復元するにはかなりの困難が伴う。今のところ私は、これらが漢語の「熱（熱）面 rèmiàn→ラーメン」「炝（熗）烹 qiàngpēng→チャンポン」をルーツにしているのではないかと考えている。

（7）麻婆豆腐（マーボドウフ）

その昔、中国は四川省成都の下町で、あばた面のおばあさん＝麻婆 mápó（マァポォ）が激辛の豆腐料理を商っていた。おいしさが評判を呼び、今では中国国内はおろかわが国でもシェアを広げている。小さな店であったに違いないその跡地には、近年、大きなビルが建てられ、２、３階の大食堂は連日多くの客がひきもきらさぬ盛況ぶりである。

20年ほど前、初めて成都を訪れた時、私も本場の麻婆豆腐を食してみようと近くのレストランに入った。ところが出てきた料理品を見てびっくり仰天。唐辛子と山椒の実などの入った超激辛のスープの中に、豆腐のカケラが申しわけ程度に数片浮いているだけではないか。一口すくってまた仰天。舌はしびれて口は曲がり、胃の腑はでんぐり返って冷汗三斗、顔面蒼白となってテーブルの下にうずくまってしまったのである。

わが国では四川料理の辛いことが有名だが、湖南料理も辛さではひけをとらない。ある時、四川人と湖南人が郷土料理の辛さ自慢をした。

「我 wǒ 不 bú 怕 pà 辣 là（ウォー・ブ・パ・ラ）私は辛いのは怖くない。」

「我 wǒ 怕 pà 不 bú 辣 là（ウォー・パ・ブ・ラ）私は辛くないのが怖い。」

簡単な会話文だから、どちらに軍配を挙げるべきか、すぐお分かりになることだろう。

湖南省の湘潭（毛沢東の出身地）を遊覧した時のこと。お昼どきになってタクシー（的士 díshì）の運ちゃんと通りすがりの小食堂に入った。ごはん以外のすべての料理に

唐辛子が入っており、おまけにテーブルの上には山盛りになった唐辛子の大皿が置いてあった。おかずを食べ尽くしたころ、その運ちゃんがつと立ちあがり、ドンブリにごはんをよそったと見るまに、大皿の唐辛子をわしづかみにしてパッと放り込み、グルグルかき回して真赤になったごはんをパクつき始めた。ポタポタ汗を垂らしながら。

　私は即座に立ち上り、運ちゃんに向かって最敬礼したものである。

　その運ちゃんの話によると、長距離トラックの運転手などは唐辛子を運転席にぶら下げておいて、眠気ざましにポリポリかじりながら運転するのだそうだ。冬場は心身が温まり、夏場は汗をかいた後の爽快感がこたえられないとか。鼻風邪などいっぺんに吹き飛んでしまうという。

　長沙市内をぶらついたある日、近くにあったレストランで昼食をとろうと入りかけると、ドアに張り紙がしてあった。

　「怕 pà 辣 là 的 de 不 bú 进 jìn 门 mén（パ・ラ・ダ・ブ・ヂン・メン）辛いのが怖い人入るべからず。进 jìn 门 mén 不 bú 怕 pà 辣 là（ヂン・メン・ブ・パ・ラ）入った以上、辛いとは言わせない。」

（8）ジャパン＆ニッポン

　旧薩摩藩別邸跡の磯公園を遊覧すると、入口に「ジャンボ餅」の旗がなびき、二本の竹串で刺したあんかけ団子が売られている。「ジャンボ」は古漢語「両棒」の訛ったものであろうと見当をつけて、先ごろ広東から来た留学生に発音してもらったところ、限りなく「ジャンボー」に近い「リャンボー（現代漢語音は liǎng bàng）」という音声が返ってきた。「ジャンボ餅」は広東語風「両棒」の「リャンボー」を「ジャンボゥ」に聞きとり、これに日本漢字の「餅」をつけて名付けたものであろう。ジャンボジェット機などの「jumbo」とは縁もゆかりもないわけだ。

　この伝でゆけば「**ジャンケンポン**」ももと「兩（両）liǎng 拳 quán 碰 pèng」の約まったもの（碰はつき出された両拳がパッと出会う意）であろうと推察がつく。

　また、天然痘にかかったことのある顔やあばた面のことを「**じゃんこづら**」という地方があるらしいが、これなどもその様子と l 音↔j 音の交替を考えあわせると、「凉糕 liáng gāo（もち米の粉で作る団子の類、表面にぶつぶつが出来ている）リャンガォ→

33

ジャンコ」＋「面^{つら}」であろうと類推できる。

　古代漢語音の r・n・l・j 音の交替はよく見られる。早い話、欧米人がなぜわが国のことを「Japan ジャパン」と呼ぶのかといえば、近世、世界の交易の拠点港となった広東の方言音（現代漢語音では日本 Riběn≒リーベン）が西洋の商人達に「ジャポン」とか「ヤーポン」と聞きとられ（j↔r）世界に広まった結果と考えられるのである。

　一昔前の広東語風発音が地名の呼び方として定着したものは沢山ある。現在音「广东（広東）Guǎngdōng」を「**カントン**」、「北京 Běijīng」を「**ペキン**」、「南京 Nánjīng」を「**ナンキン**」と呼ぶものなど、すべて広東方言音の名残である。

　因みに「日本」の呼び方は日本漢字音「日・ニチ／ジツ」と「本ホン」が熟語化する際、日本語の習性として自然に縮まったり促音化したり連濁現象を起こし、「**ニホン／ニッポン**」となるのであって、強制的にどちらか一方に決めることなどできようはずもないのである。

（9）タンポポ

　わが国の語源辞典類では「タンポポ」を次のように解説している。

　──和名「鼓^{つづみ}草」から連想し、幼児がその音を擬して「タンポポ」といったもの、と。

　だが、この解説にはいくつかの無理が感ぜられる。

　第一。ふだん、われわれがタンポポを見たり、タンポポという語を聞いたりした時、まず脳裏に思い浮かべるのは、あの白いワタ毛が小さな落下傘となり、風に吹かれてフワフワ飛んで行く様子ではないだろうか。はたして真っ先に花びらの外側の緑色の萼^{がく}に着目し、さらにそこから鼓を打つ「ヨーッタシ、ヨーッポポ」の音を連想して名前につけるという、多くの経験と知識を必要とする高次な経緯を辿るであろうか。しかも年端^{としは}もいかぬ幼児の語感で。

　第二。わが国ではタンポポを漢字で書く場合、なぜ現代漢語の「蒲公英^{プーコイン}púgōngyīng」で表記するのか。もし和語の「鼓草」が語源であるとすれば、そのまま「鼓草」と書いて「タンポポ」と読めばよいではないか。

　解熱や消炎、健胃剤など漢方薬としての効能を持つタンポポの中国名は通称「蒲公英」であるが、「黄花地丁 huánghuādìdīng」など異名も多い。河北地方には「婆婆丁 pópodīng」という童謡もある。

　　婆婆丁，开黄花，ポォポ・ティン、花咲いた、

花儿落了把伞打。ワタ毛が落ちたら落下傘。

小花伞，长长把，白い傘、柄は長い、

带着花籽上天啦。タネを携え天に飛ぶ。

飘啊飘，撒啊撒，フワフワと、ユラユラと、

明年遍地开黄花。来年野原はまっ黄色。

（『儿歌三百首』上海文芸出版社より）

「婆婆」は「おばあさん」の意ではなく、ものが「ゆらゆら揺れるさま」。「丁」はもと丁字形をした釘や落下傘のようなものの象形文字で、古くは「當 dāng」と音通であった。「當（当）」には日本漢字音でも「テイ」と「トウ」の二音がある。

そうすると「婆婆丁 pópodāng」は近似音「ポォポ・タン」となり、ひっくり返すと「タン・ポォポ→タンポポ」になる。

その転倒がいつごろ・どこで起こったか確証はないが、とりあえず与謝野寛氏の『満蒙遊記』の説を拝借して根拠としておこう。

——中国の古代、香気を意味する「丁」が上に置かれて、「丁婆婆」と呼ばれ、そのころ日本に伝わって「タンポポ」となった。——

（１０）ハオツー（好吃）のショーロンポー（小籠包）

「あつあつの蒸しシューマイ（焼売）」というか、「ほかほかの蒸しギョウザ（餃子）」というか、冬場にはことのほか人気のある「ショーロンポー」。

サービスエリアの店先で初めてこの看板を目にした時、恐らく台湾語方言音をそのままカタカナ書きしたものであろうが、田舎弁丸出しの書きように思わず苦笑した。

せめて北京語標準音に近づけて「好吃 hǎochī（おいしい）」は「ハオチー」に「小籠包子 xiǎolóngbāozi」は「シャオロンパオズ」に書けなかったものかと思ったが、訛った（なま）ところがまた面白いと考え直した。声調を一切無視していることもさることながら、そり舌音（吃 chī）をうまく発音できない方言音表記からこの品物の原産地がすぐ言い当てられるからである。

そもそも子音や母音の数が多く、その上「声調」という特殊な要素を持つ中国語音を、子音や母音数の少ない日本語のカタカナに書き表わすのは至難のわざであり、どうしても近似音で我慢するはかない。中国語と日本語の語音の差をうまくちぢめ融合させながら日本語の中に取り込んでいく言語感覚が要求されるのである。「チャンポン」や「ラー

メン」のように、いずれ「小籠包」の漢字が消えてカタカナのみで表記されるようになるのも、そう遠い将来ではあるまい。

そうなった暁に、例えば誰かが「ショーロンポーは漢字で『小論法』と書く」などと語源俗解を唱えることがあるかも知れない。その時、ことの真相を解明し是非を判定する「ものさし」は、あくまで中国語の音韻体系と日本語の音韻体系を比較対照し、当該漢字の原音が日本語の中に吸収されていく過程を、矛盾なく整合性をもって説明できる語源究明の「論法」でなければならないであろう。

２．おもしろ漢語（日本漢字語）

（１）烏賊（いか）

先ごろ、ある新聞のコラムで「イカ」をなぜ「烏賊」と書くのかという字源説が紹介されていた。

——イカが海面に死んだふりして浮いていると、カラスが見つけて急降下、むんずとつかんで飛び去ろうとした。その瞬間、イカは長い手足でカラスに絡みつき、逆に海中に引きずり込んでしまった。このようにカラスの賊となるところから「烏賊」と書くのだ、と。

うっかりすると乗せられてしまいそうな話だが、これこそ全くの語源俗解である。「イカが死んだふりする」とか、「カラスがそれをむんずとつかむ」とか、「逆にそのカラスを海に引きずり込む」とか、それがなぜ「賊」となるのか、よくもまあでたらめを並べたものだ。

そもそも、なぜ「イカ」を「烏賊」と書くのかと発想するのではなく、逆になぜ「烏賊」を「イカ」と読むのかと発想しなければならない。語学的知識の欠如がかかる奇妙な連想を生むのである。

昔、中国から漢語「烏賊 wūzéi」が伝来した時、日本人はその魚をすでに「いか」と呼んでいたので、「烏賊」に「いか」という義訓を当てて読んだのである。もし、その魚を「するめ」と呼んでいたとすれば、当然、「烏賊」を「するめ」と読んでいたはずである。また、もし日本にその魚の呼び名がなかったとすれば、その魚は「ウゾク」と日本漢字音で読まれ今日に伝わっていたに違いないのだ。

「烏」はここでは「カラス」ではなく、「黒い（墨）」という意味である。「賊」には①

盗っ人、②ずるがしこい、③傷つけるなどの意味がある。イカに名付けるにどの意味が最も相応しいか、その外敵から逃げる様を考えればすぐ思いあたるであろう。

　ちなみに「とくさ」を義訓に当てた「木賊」の「賊」は③。中国の解放戦争初期、国民党軍に「毛賊 máozéi（こそどろ）」と呼ばれ、懸賞金をかけて追いかけ回されていた毛沢东（Máo Zédōng）の場合は①である。

（2）瓜

【西瓜】 中国の五代（900年）ごろ、甘くてジューシーな鉄かぶとほどもある瓜が原産地東欧からシルクロードを通りウィグルを経由して中国へもたらされた。西方から来た瓜ということで、ついた名前が「西瓜 xīguā（シー・ゴア）」。おもしろいことに、中国大陸の福建省あたりでは、一時期、閩（福建省）海の東に位置する台湾で作られたスイカを「东瓜 dōngguā（トン・ゴァ）」と呼んで買入れていたと言う。

　この瓜、そのまま日本にまでたどり着き、名前も漢語「西瓜」をそのまま借用し、音読して「セイクヮ」から少し訛って「スイカ」へ。最近ではうまくて大玉となる西瓜の種子を中国へ逆輸出していると聞く。

　スイカを時に「水瓜」と当て字する人を見かけるが、これは英語の「water melon」と混同した結果で罪のない勘違いと言うべきか。中国でも「西瓜」のことを「水瓜 shuǐguā」と表記して、それがスイカを指していることもある。

【南瓜】 昔、東南アジアから船で集積港・南京へ運ばれた「カボチャ」は、南蛮から来た瓜ということで、ついた名前が「南瓜 nánguā（ナン・ゴァ）」。

　わが国では初め「カボチャ」を「たうなす（唐茄子か）」とか「ぼうぶら」と呼んでいたようだが、漢語の「南瓜」が伝わったとき、すでに原産国 Cambodia の約まった「カボチャ」が通り名となっていたので、そのまま "偽" 義訓で呼ぶようになった。「仙人掌」を「サボテン（もとスペイン語 sapoten から）」と「義訓読」するのと同類である。

　日本には中国やタイ・インドなどから搬入されたものであることを表す語として経由地「南京」を冠した語が沢山ある。南京米、南京錠、南京玉、南京鼠、南京袋、南京豆、南京虫、南京木綿、南京玉すだれ、南京町（中国人が集まって一か所に住んでいる区画）などなど。カボチャはそれらの総代として、ずばり「南京」と呼ばれることもある。

　このほか、中国ではカボチャを「金瓜 jīnguā」「倭瓜 wōguā」「番瓜 fānguā」などと呼

ぶ地方もある。

　おもしろいことに、中国湖南省北部地方ではカボチャを「北瓜 běiguā」と呼ぶという。なぜだろう。——前述の「东瓜」から類推すると、東南アジアから南京へ運ばれたカボチャは、その後揚子江をさかのぼり、湖南省あたりでは北方から持ち込まれる瓜になるからではあるまいか。

　もっとも、河南省には「南瓜」の別称としてではなく、そのものズバリの果物「北瓜 běiguā」があると聞く。いずれ北方から伝来した果物であることには違いないであろうが。

　【胡瓜】わが国には北方産の瓜「北瓜」がない代りに、北の胡産を意味する「胡瓜 húguā」がある。漢代に張騫が西域に使いして得たのでこの名がついたそうだが、中国ではもとこれを「黄瓜 huángguā」とも呼んでいたという。熟すると黄色に変ずるのでこの名がついたのだそうだが、わが国ではもとこの「黄瓜＝キウリ」が変じて「胡瓜＝キュウリ」になったという語源説がある。

　北胡の瓜に対し南越の瓜は「越瓜 yuèguā」であるが、この瓜をわが国では古来「しろうり」と呼んで「白瓜」と漢字書きしていたので、漢語の「越瓜」はなじまなかったと思われる。

　【糸瓜】熱帯アジア原産で、日本には中国を経由して室町末期に渡来したという「丝瓜 sīguā」。果実に繊維があるため「イトウリ」と呼ばれ、その「イ」を省略して「トウリ」とも呼ばれた。更にその「ト」がイロハの「ヘ」と「チ」の間にあるため、「へとチの間」が語源という説がある。いずれにしろ大和ことばの「へちま」で通称され、漢方薬名では「しか」と音読する。味噌汁に入れたりうどんと共に炒めたりして食べるとおいしい。

　【冬瓜】は漢語名「冬瓜 dōngguā」の転。「ニガウリ」は「苦瓜 kǔguā」をそのまま訓読したもの。「ボケ」は「木瓜 mùguā ボク・クヮ」の転。現代漢語で「バカタレ」を「傻瓜 shǎguā シャー・ゴア」と言う。

（３）「赤子」＝「緑子」？

　生れたばかりの「ちのみご（乳飲子）」を「赤ん坊」というが、これは「赤坊」に撥音「ん」がわり込んだもので、「坊」は幼い男の子の愛称（坊ちゃんの坊）が接尾辞的に付いたものであろう。そのもとになるのが「赤子」であるが、この語源を尋ねると漢語「赤子 chìzǐ」に辿りつく。

　中国古代（B.C. 6 世紀ごろ）の『書経』に「子生赤色故言赤子（子は生れなからにして赤色なり、故に赤子と言う）」とあり、『漢書（前漢一代の歴史書。紀元４，５年ごろ、班固撰）』にも、「赤子、言其新生、未有眉毛、其色赤（赤子とは其の新たに生まれしとき、いまだ眉毛あらずして、其の色赤なるを言う）」とある。

　しかし、これらは「赤」の字の語源：「あかあかと燃える火の色」から推察しても、赤ん坊の顔色に擬していうには違和感があるし、いわゆる字面上の視覚的観点からする「字源説」に類するものと言わざるを得ない。それよりも「赤ん坊が一尺ぐらいの大きさをしている」ことから（尺 chǐ≒赤 chì）きたとする語音感覚の観点からの説の方が面白い。語源説としての整合性には欠ける部分があるかもしれないが。

　尚、「赤」には他に「赤手／赤裸々」の漢語が示すように「はだかの」とか「むきだしの」という語義があり、生れたての赤ちゃんの様をいうにはむしろこの意味の方があたっていると言える。現代中国語でも「赤脚医生 chìjiǎo yīshēng」とは、解放直後、中国の農山村各地を「はだし」で医療して回った青年男女の医者のことであった。

　「赤子」は「あかご」と読んだため「赤児」とも書かれたものであろうが、漢語の「儿（児）」にしろ、わが国語の「坊」にしろ、もともと「男の子」を指していう語であった。

　「赤子」は又「セキシ」と音読みすることもできるが、その時の意味は「君主に対し、庶民をその子にあたるとたとえて呼ぶ」と言う、あの忌わしい戦時中の用語に繋がることになるわけだ。

　わが国では「乳幼児」を「やや」「ややこ」あるいは「ねね」「ねねこ」などと呼ぶ地方がある。万葉時代には「彌騰里児」という呼び方もあり、これにはのち日本漢字語で「緑子／緑児」という漢字を当てた。

　大宝令に、三才以下の男・女児を「緑」と称するとの規定があり、奈良時代の戸籍には「男児」を「緑児」と記してあると言う（『日本国語大辞典』）。

　「ミドリコ」とは４，５才ごろまでの小児のことで、松の若葉又は草木の新緑に擬し

て、緑色を帯びている小児の髪を称して名づけられた。ミドはミデ、モエイデの約音と言う（上記辞典）。

　漢語では、麦の穂波などが緑色に光っている様子を「緑油油 lǜyōuyōu」と表現する。又、つやのある黒色は濃い緑色にみえるところから、つやのある黒髪を「緑髪 lǜfā」、黒髪のまげを「緑鬟 lǜhuán」、黒々としたびんの毛を「緑鬢 lǜbīn」と言った。おそらくその伝で、わが国でもつとに女性の黒くてつやのある髪を「緑の黒髪」と表現したものと考えられる。

　「児」が本来、男の子を指すため、奈良時代、三才以下の女児を「緑女」と称したそうだが、「緑児／緑女」という漢語は見当たらないので、上記辞典がこれらを「りょくじ／りょくじょ」と音読するのは当たらないことになる。少なくともそのように音読するのは後世になってからのことであろう。『燕京歳時記』にある「紅男緑女（こうだんりょくじょ）」は「色とりどりに着飾った年若い男女」の意味であり、「緑女」違いということになる。

　「みどりご」は又の漢字で「嬰児」とも書く。これはもと漢語の「嬰儿 yīng'ér」に由来するので、「エイジ」と音読してもよい。漢和辞典類に「嬰は胸にかける古代の貝の飾りで、そのように胸に抱いて養うので嬰という」とまことしやかな字源解説がしてある。藤堂明保著『漢字語源研究』には、「嬰は赤ん坊の泣き声‘嚶嚶 yīngyīng’、つまりエンエンからきた」との語源解説がある。

（4）「有難（難あり）」VS「難有（有り難し）」

　研修で来日した中国青年が、ある日タクシーに乗った。ふと見ると運転手の座席裏に「毎度有難うございます」というステッカーが張ってある。仰天した青年はあわてて車を飛び降り逃げ出した。

　「毎度有難」の四文字を中国語として読むと「měidù yǒu nàn」、訓読すると「毎度難有り」つまり「いつも（災）難がある」という意味になる。

　一方、漱石の小説などを読んでいると漢語「難有」に「ありがたい」とルビが振ってある。「難有 nán yǒu」は訓読すると「有ること難し」→「有り難し」、つまり「ありがとう」となる。それが後年の作品になると、日本語に定着して「有難う」と書かれている。

　日本語の「ありがとう」は、もと漢語の「難有」を訓読（ひっくり返して読み日本語に）したことに因る。その結果、二つの漢字は見事に転倒して上述のような笑い話が生まれるもととなったわけだ。

　日本語と中国語の語法上の違いを単純化して示すと、日本語が普通［主語－目的語－動詞］と並ぶのに対し、中国語は［主語－動詞－目的語］と並べる。日本語の「私ハ花ヲ見ル」は中国語では「我 wǒ・看 kàn・花 huā（私ハ・見ル・花ヲ）」となる。

　そこでわが大和人たちは古漢語の［動詞－目的語］の間に返り点をつけてひっくり返し、送り仮名を施して読み下せば日本語古文になる方法を案出した。いわゆる訓読法である。

　訓読法がわが国の漢字文化を広め高めるために果たした役割は大きなものがある。江戸時代、『論語』を素読する庶民の子らの姿がテレビや映画のシーンによく出てくる。今でも詩吟の会や漢詩作り教室が全国至る所で盛んなことはその功績を示して余りあるものがあると言えよう。

　日本文化の維持向上に多大の貢献をしてきた訓読法であるが、残念ながら今日では有形無形の弊害現象もそこら中にころがっている。そもそも豊富な漢語（中国語）力と確かな日本古典語の知識を必要とする訓読法の土台そのものがぐらつき始めているのだ。

（5）言明＆厳命

　先年、小泉純一郎元首相が靖国神社を参拝する・しないでもめていた時、中国の外相・唐家璇氏が「（小泉首相に）靖国参拝をおやめなさいと『ゲンメイ』しました」と話すテレビのテロップが流されて物議を醸したことがあった。

　その直後に「一国の首相に向かって『厳命』するとは何ごとか」といきまいた某国会議員がいたが、これなどは天に向かって唾するたぐいのかっこ悪い「語義錯誤事件」であった。

　一介の外相が、こともあろうに駐在国の首相に向かって「厳命」することなどあり得るはずがない。ましてや日本通で知られ日本語ペラペラの唐氏が、身の程知らずにもそんな不遜な言動をとるかどうか、ちょっと考えれば分かりそうなものである。

　唐氏の談話の文脈の中で、まさか「ゲンメイ」を「原名」などに間違える人はいないだろうが、この場合は「言明」である。非は「厳命」に勘違いした浅学非才の側にあることは明らかである。

日本語では普通「はっきりとものを言うこと」の意味では「明言」を使う。ほぼ同義であるが「一つの主張をはっきり述べる、断言する」意の「言明」はやや語感が強い。日本語に精通している唐氏にとって、当時のような政治情勢下にあっては「明言」より「言明」を使って思いを表明したかったに違いないのである。

　日本語の中には同音異義の漢字漢語が山ほどある。どうしてそうなってしまったのかといえば、中国の汉字・汉语はもともと子音や母音の数が多く、加えて声調という言語要素を持ち発音が複雑である。それら本家の漢字漢語が子音や母音数が少なく声調など判別できない日本語の発音体系の中に入り込んできたとき、どうしても疑似音をひとまとめにして発音するほか手がなかったからである。

　ちなみに、現代漢語音では「言明 yánmíng」「严（厳）命 yánmìng（という語はないが）」となり声調が異なり、字体ももちろん字義も異なる。

（6）奉仕活動

　「奉仕」という漢字語は辞典類に出典の明記がないところをみると和製漢語のようである。類似語に「奉事、奉上、奉公」等があり、これらはれっきとした汉语である。国語辞典には、「国家、社会や目上の者などのために、私心を捨てて力を尽くすこと」と解説してある。

　一方、「ボランティア」の訳語は、「志願者。社会事業の篤志活動家」とある。この「私心を捨てて力を尽くす」と「篤志」を共通項として、わが国では普通「ボランティア活動」をそのまま「奉仕活動」と表現している。

　今日、グローバル化の中で、ありがたくない自然災害が頻発し、多くの「篤志家」が千里を遠しとせずボランティア活動に馳せ参ずる姿を見て、ほとほと頭の下がる思いをしている。まさに人道主義の真骨頂を示す行動と言えよう。

　世の中が複雑化するにつれて、さまざまな職場でも研修や予備体験を必要とする時代になった。しかし、これら「体験活動」と違って自主性・自発性を生命とする「奉仕活動」は「義務化」や「強制」とは根本的に相容れない。押しつけによって自発性や進取の気性が育つものでないことは子供でも分かる道理である。「勉強しなさい」のママの一言で、どれほど多くの子供たちが、これからやろうとしていた勉強心を萎えさせてしまったことか、身に覚えのある方は少なくあるまい。

　「教育」とはいわばこの「奉仕の精神」や「真の道徳心」あるいは「やる気」をいか

に 育^{はぐく}むかを目的とした営為だと言ってもよいであろう。この崇高な人格陶冶をめざして、全国の教育現場は日夜奮闘しているのだ。

　この神聖にして困難な教育活動に携わる小中高の先生方に、先ごろ「奉仕活動の義務化」という生徒評価の「冷水」が浴びせかけられた。教育制度の中に組み入れた途端に「奉仕活動」は「強制労働」に変身する。「奉仕活動」と「体験活動」の区別もつけられない貧弱な漢字力の持ち主に教育行政を牛耳られたくないものだ。

　厳重注意すべきはこの種の漢字による「まやかし」現象がそこら中に蔓延しているということだ。

コラム（2）
私の学問上影響を受けた恩師

　漢文や漢詩に関する私の考え方を確立するきっかけとなった恩師が二人います。

　一人は、東京教育大学で「漢字論」という授業を担当していた東京大学の中国文学の藤堂明保先生。漢字論の授業では「漢字は表意文字だと世界の常識では思われているが、漢字は表語文字である」という話を聞き、なんと面白い学問なのかと目から鱗が落ちました。

　表意文字というのは、漢字は目で見て意味が分かる文字であること。この考えが訓読法にもつながっています。一方、藤堂先生がいう表語文字とは、漢字には表意と同時に表音があるという考え方です。藤堂先生の話を聞いて訓読法に疑問を覚えたことが、「漢文」の学問に批判的になった原点となっています。

　もう一人は、東京大学の教授だった倉石武四郎先生です。倉石先生に招かれて、私は日中学院という中国語を教える学校の講師として、社会人の第一歩を踏み出しました。時の院長をしていたのが倉石先生です。

　社会人の一歩を踏み出したのは34、5歳の頃で、遅めのスタートでした。それは、私が大学や大学院に12年間通ったからです。60年代安保の時代で、私は国会議事堂の前を毎日のようにデモをしました。その後は学生運動にのめりこんでいきました。あの頃は、学生運動とアルバイトをしていて、合間に学校に行くような生活でした。

　そんな私が初めて就いた仕事が、前述の中国語の教師です。現在も続いていますが、当時の日中学院の特徴は、ローマ字を使った発音中心の授業でした。学習を始めてから1年間は、授業において漢字は使用しません。

　その理由は、漢字を表意文字だと考えている日本人は、漢字を見るとどうしても文字から意味を考えてしまうからです。そして、ある程度意味がわかると、中国語を理解した気になり、それ以上学びが深まらない。

　しかし、語学の勉強はある程度意味がわかったところがスタート地点になります。読んでわかるだけでなく、中国語を音で聞いてわかることで、初めて理解したといえます。そのため、日中学院は音を中心に漢語（中国語）をとらえることを大事にしていました。

　そのため、日中学院では、中国語の学習を阻害する漢字を使わずに、ローマ字で勉強

するスタイルだったのです。そうとは知らなかった私が授業で漢字を書いたときには、倉石先生に注意されたことを覚えています。

日中学院で学んだ、「音を聞いて理解できないと、その言語を理解したとはいえない」という考えを、私は今でも貫いています。

私は、このような中国語に対する浅い理解が、現在の日中関係のギクシャクした状況にもつながっているような気がしてなりません。中国語の漢字を日本語読みして、わかったような気になることは往々にしておこるからです。漢字の意味の取り違いが、すれ違いや考え方の違いにつながっているのではないかと思っています。

私自身は、学生の頃から日中友好の活動をしてきました。学生の頃、日中友好協会に入り、日中国交回復の署名活動などをしました。

日中学院で教えると同時にまた、私はいくつかの大学で中国語の講師をしました。やがて、大学の中国語の教師になろうと思っていた私に転機が訪れます。郷里の鹿児島大学で教育学部の漢文の教師となったのです。

郷里に戻り教授になったものの、漢文訓読法に疑問を感じながら漢文の教師になったわけですから葛藤もありました。悩みに悩んできたといってもいいでしょう。

本来の自分の信念とは違うことをなぜやらなくてはいけないのか？自分自身が疑問をもっている日本の漢文学をどう教えるべきなのか？　学生に対しても申し訳ない気持ちでいっぱいでした。

しかし、自分なりに自分の考えを学生にも伝えてきました。訓読法を教えながらも「漢文を理解するためには、まず中国語を学ぶべきだ」という勧告もしてきました。

30年ほど前、大学教育改革運動があったときには、学内で行われた教育課程の討論会で「いま日本の外国語教育は英語一辺倒ですが、これからは第二外国語としてもっと中国語を重視すべきだ」と主張しました。

そのとき学内には英語の教授が40名、中国語の教師は私1名という状態でしたが、「英語ばかりのさばらせるな」と主張して、顰蹙を買ったこともしばしばでした。結果的に勤め先を変わらなければならないことになりました。

近代科学が高度に発達した今日、私が疑問に思うのは孔子を崇める風潮です。孔子は世界的に聖人と称えられて、2500年もの間崇拝されてきました。孔子の『論語』は特に

わが国において、革新的な思想の書として読まれています。

　しかし、私は孔子は保守思想家だと考えます。中国では孔子は絶対的な存在であるため、孔子に批判的な言論を主張して、処刑された人もいたほどです。日本でもそういう風潮があり、孔子に批判的な意見を言えば、総スカンを食うような状態です。そのため、孔子思想に対し批判的な論文を書いた人はほとんどおらず、悪く言う人もほとんどいません。

　最近では中国政府が中国語を勉強するという名目で「孔子学院」という学校を世界中に作っています。こうした学校はアメリカにもあり、日本にも数校ありますがアメリカでは中国語を教える中で、危険思想も一緒に教えるということで物議を醸しているようです。

　孔子を崇拝する風潮は恐らく今後 100 年いやそれ以上続くのではないかと思います。そうした状況のもと、私は『尊孔論と批孔論』を書き、中国の思想を唯物論哲学の観点で読み解き孔子の思想は客観的観念論哲学であると解説しました。

三章　漢文新論

1．漢文学という虚学

　もうかれこれ 30 年ほども前、中国各地を一人旅したことがあった。ある日、夜汽車で初老の客と同室となり、暗闇の中、二段ベッドの上と下で四方山話を始めた。日本では家賃や光熱費が月平均どのくらいだとか、大根一本が 100 円するが貴国の元^{ゲン}に換算すると 6 元くらいかなどと幾分優越意識も交えながら話した。しかし、その優越意識は瞬く間に打ち砕かれることになる。確かに単純に比較すればわが国の給料は今でも中国の 10 倍以上、科学技術は発達し、生活レベルもかなり高いことは疑いえない。だが、その反面、毎日追いたてられるような分刻みの生活、物的人的軋轢^{あつれき}からくるストレスは人間精神を蝕^{むしば}み、中国人民のそれなりに安定した生活環境に比べて幸福感の度合が違うのではないかと気付いたのである。幸福感などというものは個人的相対的な感覚であるから、単純に比較してどうのこうのと言える問題ではないが。

　さて、話は弾^{はず}んで、あなたは日本でどんな仕事をしているのかと問われたので、私は大学で「漢文（中国古典）」を教えていると答えると、中国の大学で「古汉语（gǔ Hànyǔ・中国古典）」を教え、先ごろ定年退職したばかりというその客、得たりや賢しとばかりに何事か唱え始めた。

　のちになって想い起こすと、それらは『詩経』や『論語』の巻頭の章句だったのだが、中国語で初めて耳にした私の聴解力はあまりにも貧弱で、狐に鼻をつままれたような気持ちであった。〇关关雎鸠在河之洲（guān guān jūjiū zài hé zhī zhōu・関関たる雎鳩^{カンカン　ショキュウ}は河の洲に在り）などなど。

　「请再说一遍（もう一度おっしゃって下さい）」を何度もくり返すのも業腹で、つい狸寝入りを決めこんだのだった。

　この時ほど「訓読」して分かったつもりになっている日本の「漢文」学の虚しさを思い知らされたことはなかった。

2．「開門見山」
^{かいもんけんざん}

　『大漢和辞典』で「開門見山」を引くと、「カイモンケンザン」と読み、「詩文の明ら

かで豁達な喩」と解説してある。現代漢語では「开门见山（kāi mén jiàn shān／カイ・メン・チェン・シャン）」と読む。

　スピーチや文章を書く時に「ずばりと本題に入る」という意味で、講演などの際、話し手が開口一番に切り出すのを時に耳にする。「単刀直入」とほぼ同じ意味だが、わが国ではこの成語を使う人はまずいない。なぜだろう。多分それは、音読しても訓読しても、その意味が「そのものずばり」に脳中に反映しないせいではないだろうか。以下、訓読例をあげてみよう。

　　　イ　門を開いて山を見る。

　　　ロ　門を開ければ山が見える。

　　　ハ　門を開くと山が見われる。

　　　ニ　門を開きて山を見る。

　　　ホ　門を開かば山見はる。

　　　ヘ　門を開かば山見ゆ。

　　　ト　開門！　見山！

　いったいこれらの訓み下し文には正読があるのだろうか。

　まず、イ、ロ、ハは現代語による訓読だからすべて失格。つまり、訓読の第一条件は、原漢文を日本語古文の読み方と日本古典文法に則って読み下さなければならないのである。第二の条件として、原漢文に仮定条件を表す「則（レバ則）」や逆接を表す助詞「而（而るに）」などがなくても、訓読者は文の前後関係でそれらのニュアンスを読み取り、日本語古文に移し代えねばならないことがある。訓読者の中国語の学力と語感に負うところが大きいというわけだ。

　ニ、ホ、への書き下し文のうち、ニが一般的であろうが、ホ、への読み方もできないわけではない。それは「見」字の意味のとらえ方の違いによって起きてくる問題である。実はこれらを統合した読み方が限りなく正解に近い読みになるのだ。トはご愛嬌。「ケンザン」と聞いて「剣山」や「検算」でなく「見山」をあてる人がいたら「見参」願いたいものだ。

3．漢文訓読法の功罪

　いま、ここに、ある外国人がいて、「私は、日本語はからきしだめだが『枕草子』でも

『源氏物語』でも読んで理解することができます」と言ったとしよう。これを聞いて、「へえー、たいしたもんですね」と感心する人はいるはずはなく、並の頭脳の持ち主なら誰しも、「そんなバカな話があってたまるか」と一笑に付すか、中には「アホ言え」と平手打ちを食らわすぐらいに怒る人だっているに違いない。

　ところが、いま、ある日本人が、「私は、中国語はからきしだめだが『論語』や『孟子』を読んで意味が分かる」と言った時、ほとんどの人は何の違和感も覚えないどころか、当然の顔をして聞き流してしまうだろう。

　人間が何かものごとを「分かる」ことには、時と場合により深浅の度合があって保証の限りではないが、当人が「分かる」という以上、他人が「いや、お前は分からない」などと判定する権利などないわけだから、まずは本人の言い分を認める外はない。

　ただ、「ある外国の古典を原語で読解しようとするなら、必ず当該国の現代語の習得から始めねばならない」という子供でも分かる道理を踏まえて考える時、中国の古典の場合、なぜすんなり通用しないのかという理由について省察を加えておく必要があると思う。その上で「分かる」という判断がかなり主観的なものであることを知っておかねばならないであろう。

　中国人に「您贵姓（Nín guìxìng／あなた、お名前は）？」と聞かれてもキョトンとしている日本人漢学者が、ひとたび漢籍を広げると、紀元前数世紀に書かれた古代漢語文献を苦もなく読みこなすという事実がある。

　「外国の文献を読解するには、まずその言語から」と言う道理と相反するこの現象の裏にはそれなりの理由がある。それは、日本には昔から中国の古典を独特の方法で読み下す魔法の技術「訓読法」があるからである。

　その魔法の技術のからくりは、「漢字」という「鍵」によって簡単に解き明かすことができる。

　中国語（汉语　Hàn yǔ）は太古から現代に至るまで、その発音、語義、語法をひとまとめにした「漢字」で表記されてきた。つまり、漢字はもともと、中国語の表記道具なのである。

　その漢字は一般的に「表意文字」と称されているように原字（語）の発音やそれを書き連ねて作る文の語法要素を抜きにして、単に漢字の意味（語義）だけを知っておればその漢字を知っている、ひいては文を知っている──→「分かる」とみなされる側面を持っている。

過去、二千年にわたって日本語の中にとり込まれてきた漢字は、今や日本語の表記道具としても中核的役割を担い、骨肉化してきた。だが、今日の国語の乱れやさまざまな情報表記の混雑ぶりからも分かるように、漢字の一面のみを重宝視してきた「つけ」は大きなものがあると言わねばならない。

　漢字使用を共通基盤としている国々は知的レベルが高く経済的繁栄も早いという「漢字文化圏」などの流行語の無味乾燥な現状を見よ。

　訓読法が日本人の中国古典読解を容易にし、そのことを通して日本文化の底上げに果たした功績は多としなければならない。しかし、その基盤となる漢字が難解なため、果たしてどこまで原文の真意に到達できたか疑いを持たざるを得ない状況が多々あるのである。漢字の難解さに翻弄されて、真意に到達できないまま中途半端に理解して本家中国よりも強くなった尊孔意識。そこではなぜ『論語』や『孟子』を学ぶのかと根元を尋ね、原文を十分理解してその内容を批判的に摂取する余裕がなかった実態がほの見えてくる。ましてや真理と正義をとことん追究すべき学者・研究者が、訓読法を墨守し、小学生でも分かる真実一路を迂回して「俺は分かる」と居直り、正道を進もうとしないのは大いに遺憾なことである。

　漢文訓読を便法とするには、先ず日本の古典に習熟しなければならず、同時に中国の古典即ち漢語の語音・語義・語法に通じなければならないのである。

4．「矛盾」

　先日、公園のそばを通りかかると、小学生らしき子供がいさかいをしており、一人が「君の言うこと矛盾してらい」と叫ぶのが聞こえた。「ははあ、こんな子供でも『矛盾』ということばを知っているんだ」と感心した。「話のつじつまが合わないこと」として知られるこの漢語、ルーツは『韓非子』難一篇にある。今日、哲学用語としても「二律背反」の意味で使われる重要術語となっている。

　紀元前 300 年ごろの中国は文字通りの戦国の乱世だった。多くの思想家（諸子百家）が輩出し、時勢をはじめ世の森羅万象について大いに議論し合った（百家争鳴）。

　その中でも、徳治主義を掲げる儒家集団と法治主義を掲げる法家集団は激しい思想闘争と権力闘争をくりひろげていた（儒法闘争）。徳治主義の優位性を主張する儒家は、紀元前2000年ごろの理想国家・周王朝とその聖天子・舜帝の伝説を持ち出して言う。

《堯帝が天子の位にあった時、のちの舜帝はその下臣であった。

その頃、歴山の農民はできが悪く、田の畦を侵し合っては喧嘩が絶えなかった。そこへ舜が出かけて行き農耕のお手本を示したところ、一年後、農民は教化されいさかいをしなくなった。

また、河浜の漁師どもは、魚のよく獲れる漁場を奪い合って争いが絶えなかった。そこへ舜が出かけて行き教化すると、一年後、漁師たちは年長者によい漁場を譲るようになった。

さらに、粗悪品を作っても平気な東夷の陶工たちのところへ出かけて行った舜がしっかりした陶器を作ってみせると、一年後、陶工たちも見習って堅牢な陶器を作るようになった。

後世、孔子は舜のこの伝説を持ち上げて、「舜こそ真の仁者、徳化主義の鑑」と褒めそやした。》

この話を自慢げに吹聴する儒家たちに向かって法家の代表・韓非子は尋ねる。「その時、堯帝はどうしていたのですか」「堯帝は天子の位についていました」「そうすると、こんな辻褄の合わぬ話はありませんね」と言って喩えたのが「矛盾」のエピソードである。

《昔、楚の国の物売りが楯と矛を売っていた。その楯を誉めて言う。「私の楯は堅くてどんなものでも突き通すことはできません」

片やその矛を誉めて言う。「私の矛は鋭くてどんなものをも突き通すことができます」

その口上を聞いた通りすがりの客が、「では、あなたのどんなものをも突き通せるその矛で、どんなものでも突き通せないその楯を突いてみせて下さい」と言うと、物売りはぎゃふんとばかり返事に窮した。》

かりに、どんなものをも貫き通す矛や、どんなものでも貫き通せない楯があったとしても、それらは同時並行的にこの世に存在することはありえない。

当時の世の中に、できの悪い人民や不正な出来事など何一つないすばらしい治世をしたればこそ、堯帝は聖天子と称えられた筈である。舜がのこのこ出かけて行って教化しなければならない状況などもともとなかったということを意味する。とすれば、堯帝（楯）を立てれば舜帝（矛）が立たず、舜の行動を是とすれば堯を英明な天子とは呼べなくなる。同時代に生きた両人を共に「聖天子」と称するのは「矛盾の説」となるわけだ。

韓非は更に続けて言う。

「かりに舜が当時の世の腐敗を救ったことが事実であったとしても、彼は一年かかって一ヵ所の過失を正し、三年かかって三ヵ所の人民を教化したことになる。舜のような逸材はそうざらに世に出るわけではなく、寿命にも限りがある。一方、天下の不正は限りがなく、徳治主義のやり方は有限のもので無限のものを追いかけるという図式そのものではないか。それに引きかえ、天下に法律を施行して賞罰をはっきりさせれば、朝布令を出せば夕方には変わり、夕方出せば朝には変わる。十日もあれば全国に行きわたり、一年も待つ必要などないのである。舜は凡庸な殿様でも出来るこの法治主義を堯に進言せず、自分で苦行実践し人民を教化する道を選んだ。

私は聖天子堯舜でさえも困難とする徳治主義を信奉し固執する人たちと一緒に政務をとることは出来ません」と。

△　　△　　△　　△　　△　　△

戦国の乱世を収束させて統一国家・秦王朝をうち建てた始皇帝は、法家思想家を重用して法治主義専制体制を布いた。当時にあってはいわば革新政治である。これに執拗に対抗する保守思想・保守政治家の儒家の書や学者を中心として「焚書阬儒」を行った始皇帝は末代まで悪虐非道の王として名を残すことになる。

しかし、この歴史事実は、裏を返せば、当時の法家と儒家の思想闘争がどれほど熾烈であったか、両政治家達が身命を賭していかに厳しい権力闘争を展開していたかを反映したものでもある。

その後、2000年におよぶ儒家思想優位の歴史の中で一方的に貶められてきた法家および法家思想は、今の時点で再検証されなければならないであろう。文字を初め度量衡の整備を図り、車軌を統一して経済振興を図るなど始皇帝の隠されてしまった治績は大きなものがあった。しかし、近年の兵馬俑の発掘と共にその偉大さが再評価され逆に儒家思想の優位が崩れつつある思想潮流にあるようだ。

△　　△　　△　　△　　△　　△

　我われの日常生活は常に「矛盾」に満ち満ちている。グローバル化に伴い、世界各地で起こるテロや暴動は即時メディアで報道されるが、これら多くの事件はすべて平和に生きようと願う全人類に対するアンチ・テーゼであり、政治・経済・文化や宗教摩擦などによってもたらされる「矛盾」のなせるわざである。

　油断していると、豊かな恵みを与えてくれる大自然さえ時にはその摂理をふみにじって災害を呼び起こすという「矛盾」をしでかす。

　我われは大小さまざまなそれら「矛盾」の根源を探り、冷静にそして厳正に判断して万全の解決を目ざさなければならない。

5．「守株待兎（株を守って兎を待つ）」

　♪待ちぼうけ、待ちぼうけ、ある日せっせと野良かせぎ、そこへ兎が跳んで出て、ころりころげた木の根っこ♪　北原白秋作詞、山田耕筰作曲のこの童謡はコミカルで親しみやすく、軽やかなメロディーに乗せて子供のころよく歌った。

　——ある日、森かげから跳び出て来た兎が、畑の切り株にぶち当り、首の骨を折って死んでしまった。しめたと喜んだ農夫は翌日から鋤を放り出して切り株を見守り、また兎を得ようと願ったが、二度と手に入れることはなく、ために畑は草ぼうぼう、農夫は宋の国中の笑いものとなった。（『韓非子』五蠹篇）——

　この、めったに起こることのない幸運に心を奪われ、本業をおろそかにして笑いものになった宋の国のダメ農夫こそ誰あろう、儒教の祖・孔子のことである。

　実はこの宋の国は、殷王朝王族の流れをくむ孔子の先祖が永年住んでいた国であった。祖父の代に譜代の小国・魯の国へ引っ越してきていたのである。

　戦国時代、儒家と激烈な思想闘争をくり展げていた法家の代表・韓非子は、儒家の代表・孔子を批判する時、この先祖の系図をもとにした宋の国を引き合いに出すことによって、その人物が孔子であることを暗喩し且つ貴族出身のお坊ちゃんであることを揶揄したのである。

　孔子は春秋時代末期（B.C. 5世紀ごろ）、すでに下克上がきざし始めた魯国にあって、西周王朝を最高の理想国家とみなし、魯国でその再現を夢みて近隣諸国の王に遊説して回った。結局、その夢は実現しなかったわけだが、韓非子はその原因が、時代の流れを見ることのできない孔子の保守思想にあることをこの寓話によって手厳しく批判した

のである。

　それは同時に、そのころ優勢であった儒教思想家集団の「昔のやり方やしきたりにこだわり、融通のきかない頑迷な保守・復古思想」に対する痛烈な批判でもあった。皮肉にも長い中国歴史は儒教思想に正統の座を与え流れてきたのだが。

６.「朝三暮四」

　「朝三暮四」はまた「朝四暮三」と言ってもよい。「ことばの言い換えで人をあざむく」意味である。出典は『列子（黄帝篇）』。

　中国の春秋時代（紀元前５〜８世紀）、宋の国に猿おやじと呼ばれるおやじさんがいた。猿をかわいがり、群れをなすほど飼っていた。

　家人の食いぶちを減らしてまで猿どもの食欲に当てていたが、ある時、急に餌が底をついてきた。猿おやじは餌を制限しようと思ったが、猿どもが自分になつかなくなるのではと心配して、ペテンにかけてこう言った。

　「お前たちにドングリをやろうと思うのだが、朝三つ夕方四つずつにしたい。足るかね。」

　すると猿どもは総立ちになって怒りだした。そこでとっさにこう言い変えた。

　「よしよし。では、朝四つ夕方三つずつにしよう。それならよかろう。」

　猿どもはひれふして喜んだ。

　ところで、この寓話はいったい何のために持ちだされたのだろうか。著者・列禦寇（れつぎょこう）はこの後に続けて次のように言っている。

　——およそ世のものごとというものは、このように賢者と愚者の丸め込みあいでできている。聖人が智恵でもって衆愚を丸め込むのは、ちょうど猿おやじが智恵でもって猿どもを丸め込むのと同じである。中身は同じなのに、ことばをすり替えて猿どもを怒ったり喜んだりさせるのだ——。

　さて、そうすると、このエピソードは、「聖人」がことばのあやで「衆愚」をペテンにかけるさまを、猿おやじが智恵を使って猿どもを丸め込むさまに例えた寓話であることが分かる。

　では、その「聖人」と「衆愚」とはいったい誰のことか。

　中国で「聖人」といえば該当者は一人しかいない。そうして「衆愚」とはエテ公ども、つまり我われ一般庶民を指して言っているわけだ。

　虚仮にされた「猿ども」は今後どう覚醒すべきなのだろうか。

7.「効顰（ひそみにならう）」

　各種メディアが発達して美男美女がめじろ押しの昨今、世界三大美女はクレオパトラ、楊貴妃、小野小町だなどと言えば、話が古すぎると笑われるかも知れない。

　だが、中国で四大美人といえば、春秋時代（B.C. 500年ごろ）の越（今の浙江省）の西施、漢代元帝の宮女で匈奴に嫁した王昭君、後漢の王允の歌姫・貂蝉、唐代の玄宗皇帝の皇后・楊貴妃と相場が決まっている。

　「呉越同舟」の故事成語でも知られるように、古来、呉と越は犬猿の仲であった。越王勾践に父を殺された呉王夫差は、毎夜薪の上に寝て復讐心をかきたて（「臥薪」）、遂に会稽山で勾践を破った。降伏して帰国した勾践は身辺に胆をつるし、朝夕これを嘗めて（「嘗胆」）敗戦の苦しさを忘れず、10数年後ついに呉を下して「会稽の恥を雪い」だ。反対に夫差は勝利におごり、献上品の西施との快楽に耽って、治政を怠け遂に亡国の憂き目にあった。西施は文字通りの「傾国の美女」だったわけである。

　その西施がある日、病を得て里帰りした。輿を降りる時、胸を押さえて（「西施捧心」）眉を顰めた顔がまた、えもいわれず美しいと村人はうわさしあった。それを背後で聞いた村の醜女が、翌日から胸を押さえ顔をしかめて歩き出した。村人は子供の手を引いて逃げ惑い、戸を閉めて表に出ようとしなかった。

　「身のほどを知らず他人の猿まねをして嫌われるたとえ」のこのエピソードは『荘子』天運篇にある。

　さて、身のほどを知らず猿まねをして村中の人に嫌われたこの醜女——現代中国では「西施（Xīshī シーシー）」をもじって「东施（Dōngshī トンシー）」と言う——こそ誰あろう、実は孔子のことである。

　孔子は紀元前2000年ごろの伝説上の聖天子・堯帝や舜帝を崇拝し、その治世下の国を最高の国家とみなした。そうしてすでに下克上の乱世に入っていた当時にあって、その理想国家の再現をめざして諸国の王たちに復古思想を説き、身に仁徳を修めて名君主たれと遊説して回っていた。

荘子に言わせると、その姿は現実社会から遊離し観念的に夢を追う「東施」そのものであった。

　西施（堯帝や舜帝）は生来の美しさ（すぐれた古代の礼法制度）が備わっていたればこそ、ちょっと顰めたその顔は一段と美しく（理想国家に）なったのであって、素地の顔が悪い（これといったとりえもない）ため、しかめるとますます醜くなってしまうことに気付かぬ醜女（孔子）は村（諸国）中を歩き（遊説して）回って皆に嫌われていたのである。

　実はこのエピソードに先立って、荘子は次のような説話を展開している。簡潔にして要を得たその行論は思わず快哉を叫ばしめる迫力がある。

△　　　△　　　△　　　△　　　△　　　△

　孔子がある時、西方の衛の国へ遊説の旅に出かけようとしていた。高弟の顔回が魯国の太師（官名）・金に尋ねた。「貴殿は今回のわが老師の旅をどう思われますか。」

　太師・金は答えて云う。「残念ながら、あなた方の先生は災難に遭われるでしょう。」

　顔回は問い返す。「どういう意味ですか。」

　太師・金は云う。「あのお供え用のわらの犬は、まだ神前にお供えしないうちはきれいな筐に盛られあや絹で覆われ、祈祷師は斎戒沐浴して持ち運びこれを神前にお供えする。だが、いったんそれが用済みになると、道行く者はその背中を踏んづけ、たきぎ取りはこれを拾ってたきつけにしてしまう。ところが、もしこれを拾い上げて又筐に盛り、あや絹で覆ってその下で遊居寝臥するならば、彼は夢見が悪いのでなければ悪夢にうなされることになるだろう。いま、あなた方の先生も、先王のお供えし終ったわらの犬を拾い上げ、弟子を集めてその下で遊居寝臥している。だから木を宋に伐きられ[1]、迹を衛に削られ[2]、商・周において進退窮まった[3]。これはその悪夢の例ではないだろうか。陳・蔡の間に困窮して七日間火食せず、死と生が隣り合わせとなった[4]。これはその悪夢にうなされた例ではないだろうか。

　水上を通行するには船を使うにこしたことはなく、陸上を行くには馬車を使うのが一番だ。もしも水上を行くべき船を陸上に置いて推して行こうとすれば、一生かかってもものの数メートルも進めまい。昔と今との違いは水上と陸上の違いと同じである。古代

の周の国と現代の魯の国のちがいは船と馬車の違いと同じである。現世において周の典章制度を魯の国で行おうとするのは、船を陸上で推して行くのと同じである。労多くして功なく、身には必ず災いがふりかかろう。彼（孔子）は無常の転、すなわちあらゆる物事に適応して無限に変化する道理を知らないのだ。

　あなた（顔回）は、はねつるべを見たことがおありでしょう。引っぱると低くなり、手を放すとはねあがる。あれは人に引っぱられてそうなるのであって、人を引っぱるのではない。下向くにしろ上向くにしろ人様にあれこれ指図することはない。

　さて、あの三皇五帝（伏羲・神皇・女媧／少昊・顓頊・帝嚳・帝堯・帝舜）の礼儀や法度も、昔と今と同じであればいいというのではなく、それらを制定して世の中がうまく治まることがすばらしいのである。三皇五帝の礼儀法度はいわば柤（さんざし）や梨、橘子（みかん）、柚子と同じで、味はそれぞれ違うけれども、皆おいしい果物である。そういうわけで、礼儀や法度も時に応じて変化するものなのである。

　今、エテ公を捕えてこれに周公の服を着せれば、猿はその服を噛み破り引き裂きボロボロにしてしまうであろう。昔と今の違いはちょうど猿と周公との違いのようなものである。

(1) 孔子は宋を遊歴した時、大樹の下で門人と「礼」を演習した。司馬桓魋（宋の大夫）は孔子を殺そうとした。孔子が去った後、桓魋はその坐った処をにくみ、大木を伐ってしまった。

(2) 孔子が衛を遊歴した時、衛人はこれを疾み、その足迹を削りとった（二度とくるなという意味）。

(3) 孔子は商（殷）や周（東周）に招聘（贈り物をして賢者を招く）されたが、進退窮まったことがあった。

(4) 楚の昭王が孔子を招いた時、孔子は陳・蔡の地でぐずぐずしていた。蔡の人々はその徒が多かったので匪賊ではないかと疑い、兵と共にこれを取り囲んだ。孔子は、一週間もすると食糧が尽きて炊ぐこともできず、従者も起ち上ることができずに死と隣り合わせになったことを指す。

　　　△　　　△　　　△　　　△　　　△　　　△

このあとに、「効顰」寓話のだめ押しがあって、最後に「全く残念なことだなあ、あなた方の先生は進退窮っている」という一文で結ばれているわけだ。

　ここには、お見事という外ない的確な喩えを使いながら、頑固な復古主義思想家・孔子を追いつめて行く荘子の柔軟且つ論理的思考が端的に表れている。物事はすべからく時と場所に応じて変化し、また変えるべきものだという道家思想家・荘子の思考方法と、昔はよかった、古い習慣や制度は変えるべきではないとする保守思想家・孔子の思考方法を対比してみせた。これほど面白い説話はそうざらにはないと言えよう。

８．「性善説」VS「性悪説」

　映画「タイタニック」のパニックシーンを観て複雑な思いに駆られた。

　下層船客が狂気の暴動を起こす中、沈静化のため死を覚悟して演奏を続けるミュージシャン、救命ボートの席を婦女子に譲って自らは死に甘んじた上層船客も少なくなかった。

　今、これを仮に性善説と性悪説に結びつけて考えると、他人を殺してでも生きようともがく人間は当然性悪の人であり、自分を犠牲にして他人を救おうとする人は崇高な人道主義を発揮した性善の人である。

　このような生か死かの二者択一が迫られる極限状況の中にあっては、人には善悪両性が備わるとする折衷的両性説は成り立つべくもない理論であることがはっきりする。

　人間は追いつめられた時に本性を現すと言われる。ただし、それは成人した人間についてのみ言えることで、年端もいかない子供は除外して議論すべきであろう。先のような非常時に、「僕はあとでいいから君先に乗れよ」と言って救命ボートの席を友に譲る子供がいるとは到底考えられないことだから。

　さて、性善説を主張する孟子の理論はこうである。

　今、よちよち歩きの幼児が古井戸に落ちそうになるのを見た大人は、飛んで行ってその子を助けようとするだろう。人間にはこのように生れながらにして「四端（四つの善なるきざはし。①惻隠＝あわれむ心。②羞悪＝恥じる心。③辞譲＝譲る心。④是非＝判断する心）」が備わっている。人間が悪いことをするのは、その善なるものが「我欲」によってくらまされるからである。従って自己修養によって「仁義礼智」の四徳を身につけ、善なる行為を阻害しないように努めねばならないと。

　だが、成人の一部の善なる行動の観点から出発して、演繹的に人間一般の性善を主張する孟子の説は、人間が手を加えることを拒み、「教育」を否定して自由放任主義へ導く観念論哲学である。孟子は善なる本性がゆがめられるとしてすべての事物に対して人の手が入ることを許さないのである。

　これに対して荀子は、幼児のさまざまな生きるための欲望から起こる行動を帰納的に整理した観点から出発する。

　人間には生れながらにして我欲＝悪なる性が備わっており、そのまま放置しておくと本能のままに争いをくり返す大人になってしまう。だから人間はその悪なる本性を「教育」によって矯正し、崇高なるヒューマニズムを発揮する「聖人」にまで育てあげねばならないのだ、と。

　このように荀子の理論は人間の本性を「悪」と認め、幼児期の段階でその野放図な発展をくいとめる手を施し、末は聖人君子になるまで育てあげるという「否定の否定」の論理、すなわち勝れた唯物弁証法論理なのである。

　ここにおいて両者の理論は真向対立することになる。片や人間性を観念的に善だと信じるが故に「教育」を否定し、「自由に伸びる」ことを助長する放任主義理論。片や人間性の芽生えを悪とみなして、その放埒な伸張を縛る「教育」を重視する理論である。

　どちらの説が現実に立脚し、人間の可能性を信じて人間のこよなき向上発展を願う考えによるものであろうか。

　もっとも、性悪説を支持すると、その当人まで悪人とみなされるのではと危惧する単純思考の人には縁のない話である。

9．「温故知新」
　——故きを温ねて新しきを知る（前に習ったことや昔の事をよく復習・研究して、新しい道理・知識を得ること〈『論語と孔子の事典』江連隆著〉）という訓みと通釈で古今東西に遍く行きわたっている「温故知新」の解釈には、多くの「ごまかし」や「うそ」が潜んでいる。

　「温故知新」は『論語』為政篇の一章句の前半部分を約めたものである。

　○　子曰、温故而知新、可以為師矣。／子曰く、故きを温めて新しきを知れば、以って師為るべし（天下の事は限りなくして、天下の変は窮りなし。されば旧学知せし所

の古典を温習して之を己に熟し、而して又未だ聞知せざる所の新義を発明して、今日の実際の用に立たしむるやうに為して、始めて人の師たることを得べしと。而るに学者徒に温故にのみ僻して、知新の功を積まざれば、迂闊固陋、腐儒と化し了るべし。焉ぞ人の師たるを得んや。）〈『論語解義』簡野道明著より〉

　なみいる漢学者を「腐儒」呼ばわりする豪気には恐れ入るばかりだが、残念ながら上文は「うそ」と「欺瞞」だらけの簡野氏のお上手な作文という外ない解釈である。

　この章句の趣旨は簡野氏の言う通り「人の師たる者の甚だ難きを述べたもの」であり、人の師となれる基本資格を孔子が日ごろの経験に基いて開陳したものである。だが、簡野氏は前文の解釈を間違えている。

　紀元前500年ごろ、魯の国（現山東省）・曲阜で下級貴族の子として生まれた孔子は、少年時は貧乏で有力貴族の倉庫番や使い走りをして世過ぎし、15才の頃朝廷の役人になるための学問に志した。

　孔子のいう「故」とは、朱子の注にあるように（故者、旧所聞／故とは旧く聞く所なり）、「伝聞の世」すなわち1000年も前の周王朝の典章制度を耳学問で聞き知った知識や、『易経』『詩経』『書経』など竹簡や木簡に墨書して革ひもでつづった巻物であったと思われる。「伝聞」されたものほど不確かで判りにくいものはなく、中国の古典籍や古漢字ほど難解なものはない。何度も反芻することによって理解度も深まり、疑問の箇所も少しずつ解けていく代物なのである。

　「故」を攻略する実態に即して言えば、「温（あたためる）」とはそのくり返し作業を指すのであって、単なる「復習」やまして「研究」と称するなどのきれいごとではない。くり返し目を通すうち多くの難解字に光が射し、「あゝ、この字はこんな意味だったのか」とハタと思い当たる時がある。それが朱注に言う「新者、今所得（新とは今得るところなり）」である。将来を見通した「新しい道理」などではないのだ。もちろん、中には未来に繋がる「新知識」もあるであろうが、直接的にはもと不可解であった字の「新義」の発見を言い、そのような発見を導き出す方法を身につけた人ほど師（先生）になるにふさわしいと述懐したものである。朱注にも言う。「学びて能く時に旧聞を習い、毎に**新しく得る**こと有れば、則ち学ぶ所我に在り（着実に身について）、其の応窮まらず（何事にも臨機応変に対応でき）、以て人の師たるべし」と。

　朱注は更に続けて言う。「夫の記聞の学の若きは、則ち心に得ることなく、知る所に限

り有り。故に『学記』は其の以て人師たるに足らざるを譏る。正に此の意と互いに相発するなり」と。

　人の師となれる資格を述べ、「温故知新」と相補関係にあるという『礼記』学記篇の文とは次の文である。

　○　記問之学不足以為人師、必也其聴語乎／記聞の学は以て人師たるに足らず、必ずや其れ語るを聴かんか。

　学記篇は「教学相長／キョウガクあいチョウず（人に教えることと人から学ぶことは、たがいに補いあって自己の学問を進歩させるものだ）」の成語が示すように、学問や教学の根本原理について論述された篇である。

　「記問の学」とは、「昔の本や人の説などをただ暗記しているだけで、その真義を心に会得（心解）しておらず、人に質問されると相手の学力などを考えずやみくもに教えるという皮相な学問」のこと。人の師たるものすべからく人の言うことをよく聴いて理解度を深め、「心解」≒「温故知新」することが必須条件となるというものなのだ。

10.「直躬」説話（1）

　紀元前500年ごろの中国は魯の国。ある時、楚国の葉公は孔子に語った。「わしの村には直躬こと正直者のＱちゃんという若者がいましてね。父親がよそから迷い込んできた羊をねこばばしたことを、役所で正直に証言したのですよ。」それを聞いて孔子は言った。「わしの村の正直者とはそんな者ではない。父は子のために隠し、子は父のために隠す。そこにこそ真の正直さがあるというものです」（『論語』子路篇）と。

　この話は、その後、あれこれ脚色されて伝承される。紛れ込んできた隣家の羊をそのまま頂戴した義の「攘む」の字が、こっそり盗む意味の「窃む」に変えられ、直躬が役所で証言した意味の「証」の字が、役所へ訴え出たという意味の「謁」の字に変えられてしまった。話を大げさにして直躬の非をよりはっきりさせようとの底意がみられ、あげくのはてに'親不孝者'の直躬は処刑されてしまうのである。

　同じ頃、尾生高という若者がいた。恋人と橋の下で会おうとデートの約束をしたが、洪水のため水かさが増したのに約束を守り通して溺死してしまった。

　後世、この二人はバカ正直の典型として多くの本に引用され物笑いの種となる。葉公も軽薄な田舎大名として笑いものとなった。だが、尾生高は別としても、直躬の方は孔

子の判定により一方的に悪者にされてしまったことは明らかである。それのみにとどまらず、中国では孔子のこの考え（儒教倫理）が社会常識になって、親の罪を訴え出た子を逆に処罰する法律が作られ、つい百年前の清朝法典にまで及んでいたのである。

　儒教の「隠し」の思想や「親親主義（肉親の情を第一義に考える）」が思考基底となっているわが国でも、今日、種々の事件があいまいにされたまま解決を遅らされたり、保守化傾向を突破できずに流されていったりする実態がある。裁判所や警察を初めとする役所の不祥事隠し、学校のいじめ事件隠しなどその最たるものである。何事によらずガラス張りにし、可視化しオープン化できないものだろうか。

11.「直躬（ちょくきゅう）」説話（2）

　迷い込んできた羊を一頭ねこばばしたことに端を発するこの裁判沙汰は、たまたまその当事者が父親であったが、悩んだ末にありていに証言した直躬の行為をめぐって評定は二つに分かれ息子が処罰されてしまった。

　洋の東西を問わず、われわれ人間社会で起こる各種事件は、その裁定に当たって、社会性を優先させた公共の利益の立場に立つか（葉公の立場）、それとも肉親の情愛という私情を第一義として個人の利益を優先させた立場に立つか（孔子の立場）の二つがあり、それらが互いに矛盾して存在している現実がある。中国の「一人っ子政策」などはその典型例と言えよう。

　諸事の裁定には二つの矛盾した立場があることにいち早く気づき、バランスのとれた「公」と「私」の裁定を下すべきことを秦国の殿様に進言したのは、外ならぬ法家思想家・韓非であった（B.C.250年ごろ）。

　韓非は言う。「直躬が処刑されたために楚の国ではその後、犯罪者を告訴する者がいなくなり悪事がはびこった。また、魯の国では、老父を養うためと称して戦のたびに逃げ出した兵士を、孔子が逆に孝行者と称賛したため、兵士が敵に降参することを何とも思わなくなった。一国の殿様たるものが、このように、「公」と「私」の一方のみに偏重した裁定をしていたのでは、万民の幸せをもたらす政治はとうてい望むべくもありませんよ」と。

　紀元前に、韓非はすでに弁証法的「矛盾の対立と統一」の法則を説いていたのである。

12.「刻舟求剣（舟に刻みて剣を求む）」

　B.C.250年ごろ、秦の大商人・呂不韋は商用で趙の都邯鄲に出かけた。そこで趙の人質となって冷遇されている秦の王子・子楚を見かけ、「奇貨可居／奇貨居く可し（掘り出し物だ、蔵っておいて大儲けしよう）」とばかり、子楚に大金を与え救った。時に呂不韋は邯鄲の美女を手に入れこれを妊らせていたが、子楚のたっての願いでその事を隠したまま献上した。その子・政がのちの始皇帝である。

　秦に帰り位を嗣いで荘襄王となった子楚は呂不韋を尊んで仲父（二番目の父）と呼び宰相に任じて文信侯に封じた。酖毒を呷って波瀾の一生を終えた呂不韋だが、編著書『呂氏春秋』を残している。（『史記』呂不韋伝）

　　　　△　　　△　　　△　　　△　　　△　　　△

　その『呂氏春秋』察今篇に「刻舟求剣」のエピソードがある。
　　──楚人に江（揚子江）を渉る者あり。其の剣、舟中より水に墮つ。遽かに其の舟に刻みて（舟べりに刻みを入れて）曰く、是れ吾が剣の従りて墮つる所なり、と。舟止まる（対岸に着いた）。其の刻みし所より水に入りて之を求む。舟は已に行けり、而れども剣は行かず。剣を求むること此の若きは赤惑い（心乱れて分別がつかなくなる）ならずや。

　「舟（時世）」の移り変わりをよそに旧套墨守する時代錯誤を笑うこの種の寓話は、普通、柔軟思考に富む道家思想家が頑迷固陋な儒家思想家を揶揄したものが多い。但し、この話の場合は、法家思想家系の者が法治主義の行きすぎを戒め、「剣（法律）」も歴史の流れに応じて柔軟に対処すべきことを説いたもののようである。結びの文がそのことを証明してくれる。
　　──此の故法（旧い法律）を以て其の国を為むるは此れと同じ。時は已に徙れり。而れども法は徙らず。此れを以て治を為さば、豈に難からざらんや（どうして難しくないであろうか。──→大変むずかしい）。

13.「下学上達（下学して上達す）」

　原文「下学而上達」は『論語』憲問篇にある。晩年の孔子が高弟の子貢と会談したと

き、自分の成長過程を語った言葉である。今、手もとにある『論語』解説書をひもとく
と、たいてい「身近なところから学んで、最高の天命を悟る境地にまで至ること」とい
う解釈がなされている。

　しかし、この解釈は孔子生前の社会体制や身分制度を考慮しない誤訳である。孔子
の聖性を高めるため古今東西の漢学者がどれほど「奉仕」したかを示す典型例となっ
ている。

　もしこの解釈通りなら、孔子は子貢に向かって、「わしは身近なところから学問して、
最後には聖人の境地にまで到達したのじゃよ」と自ら聖人たることを豪語したことにな
り、おかしい。後世、封建体制維持のため「聖人」に祭りあげられた孔子だが、「聖人」
と尊称される人間であればあるほど、そういう不遜なものの言い方をしてはなるまいに。

　「お上の意向をしもじもに通達する」という四字熟語「上意下達」は、「上」が上位の
支配者、「下」が下位の庶民を指すことは明らかであろう。（「腕前があがる」意味の「上
達」は後世に派生した語と考えられる。）

　孔子は魯国の支配階級の最下層・士大夫の出身であったが、青少年時代は貧乏で有力
貴族の使い走りなどを生業として苦学した（＝下学）。30才ごろ朝廷に出仕するように
なったが、50才過ぎになって一時期、魯の宰相代行となったのが到達した最高の地位で
ある（＝上達）。

　つまり、「下学上達」とは「わしは若いころ貴族階級の底辺で苦学してのう。そのかい
あって晩年になってなんとか宰相代行という上層階級の位にまで栄達したのじゃよ」と
いうほどの意味になろう。

　そうすると同じ篇にある「君子は上達し、小人は下達す（学徳秀れた立派な人間は上
層階級にまで到達するが、できそこない人間は下層階級どまりである）」という章句も
「上・下」が符合することになる。「下学」「上達」「下達」の「上・下」はすべからく階
級用語のそれとして捉えるべきなのだ。

14.「学びて時に之を習ふ」

　「子曰、学而時習之、不亦説乎（亦説ばしからずや）」は『論語』冒頭の文。初二字
から「学而篇」の名がつけられた。この章句にはさまざまな解釈がある。今、それらを
大枠で三つに絞って比較考察しよう。

　〔1〕勉強して、しょっちゅうそれをおさらいする。なんと喜ばしいことではないか。

　〔2〕「礼」を学び、定期的にそれを演習する。これもまた楽しいものではないか。

　〔3〕古文献を学び、時々それを見直してみる。すると（今まで疑問だった個所が解けたりして）心晴れ晴れするではないかね。

　解釈に当たっては次の五つの問題点がある。

　先ず第一に何を対象に「学」ぶのか。

　〔1〕は学ぶ対象を特定しない。〔2〕は西周王朝の「礼」制度。〔3〕は西周王朝の「典章制度」を記した古文書類。

　次に、「時」とはどんな時か。

　〔1〕常に・いつも。〔2〕時間をきめて。〔3〕時折・気の向いた時に。

　また、「習」とはどんな意味か。

　〔1〕は、復習する。〔2〕は、実習する。〔3〕は、くり返し見直す。

　さらに、「不亦〜乎」をどう解釈するか。

　〔1〕は、なんと〜ではないか。〔2〕は、これもまた〜だろう。〔3〕は、これも〜と言えないだろうか。

　最後に、「説」の意味は何か。（「説」は「エツ」と読み「悦」と同義）

　〔1〕は、喜悦の意味。〔2〕は、悦楽の意味。〔3〕は、（今まで分からなかったことが新たに分かって）心の中で大いに喜ぶの意。

　現在、わが国で最も通行しているのは〔1〕訳である。だが、いつも‘勉強しなさい’とお尻を叩かれる子供は心底喜んで勉強しているのだろうか。

　〔2〕訳の「礼」は、宮廷の儀式のあり方から個人の行儀作法に至るまであるから、広範囲すぎて「演習」にはなじまないだろう。

　〔3〕訳こそは、孔子の体験からにじみ出た学問修行の喜びであり、前出「温故知新」の趣意にも合致するものである。

15. 『論語』の「時」の解釈について

　【1】子曰、学而時習之、不亦説乎。／子曰く、学びて時に之を習う、また説ばしからずや。（孔先生が言われた。古文書類や昔の典章制度などを勉強したあと、「時に」それをくり返しおさらいする。すると「温故知新」よろしく新発見があったりしてこれま

た愉快なことではないかね。）

　この章句の「時」は一般に①しょっちゅう、常に、の意味で解釈される。しかし、②時間をきめて、定期的に、の意味でとるべしと主張する人もいる。だが、以下の使用例文からも分かるように正解は③折にふれて、気の向いた時にと訳すべきものである。

　『漢語林』を引くと、「とき」と訓む漢字には、他に「寸」「刻」「期」「秋」などがある。そして、「時」の解説は以下のようである。

　①とき。（ア）春夏秋冬の四時。（イ）1日24時。（ウ）時の流れ。（エ）時世。（オ）時勢。（カ）めぐり合わせ（キ）機会、時節、適当な時期、一定の時間。・例文《『孟子』梁恵王上》斧斤以時入山林／斧斤時を以て山林に入る（おのやまさかりは適切な時期に山林に入れる）。（ク）そのころ。（ケ）大事なとき、重要な時間。（コ）暦──→以上は〔名詞用法〕の「時」。

　②ときに。（ア）そのとき、おりしも。（イ）おりにふれて、機会あるごとに。・例文は〈本章句〉。（ウ）たまにときおり。──→以上は〔副詞用法〕の「時」。

　③うかがう。機会をねらう。・例文《『論語』陽貨篇》孔子時其亡也而往拝之／孔子其の亡きを時とし（陽貨のいない時をねらって）往きて之を拝す。──→〔動詞用法〕の「時」。

　④これ、この。──→〔指示代詞用法〕の「時」。

　国字（ア）とき、当座。（イ）ときに、さて、ところで。──→〔発語の助字／接続詞〕の「時」。（ウ）ジ（仏教語）。

　『論語』中で「時」の字が使われている他の章句は次の通りである。

　【2】子曰く、千乗の国（兵車千台を出すことのできる諸侯の国）を道くには、事を敬して（諸事を慎重に行い）信あらしめ、用を節して人を愛す。

　使民以**時**／民を使うに時を以てす（庶民を使役するには必ず（農閑期など）使役すべき時を配慮し（農事の妨害をしないよう気をつけ）なければならない）。（学而篇）

　【3】食は精を厭わず、膾は細を厭わず（飯は精白米であるほどによく、なますは細く切ったものほどよい）、食の饐て餲り、魚の餒りたる肉の敗りたるは食せず。色の悪きは食わず。臭の悪きは食わず。飪（煮たき加減）の失いたるは食わず。不時不食／時ならざるは食わず（孔子は時期に合わない果物などは食せられなかった）。（郷党篇）

66

【4】色みて斯に挙り、翔りて而る後に集る（鳥は人の気配を感ずるとすぐに飛び立ち、しばらく回翔ったのち安全を見て集まる）。曰く、山梁の雌雉（山峡の架け橋にいるめすきじ）は、時哉、時哉／時なるかな、時なるかな（飛びあがるのも下り集まるもまことに時宜を得ているものだ）。（郷党篇）

【5】子、公叔文子（衛の大夫公孫抜）を公明賈（同じく衛の人）に問う。曰く、信なるか（本当ですか）、夫子（公叔文子）は言わず、笑わず、取らざるか（ふだん物言うことをせず、笑うこともなく、人から物を受け取ることもないというのは）。公明賈対えて曰く、以て告ぐる者の過てるなり。夫子は時ありて然る後に言う（文子はもの言うべき時にものを言う）。人は其の言を厭わず（人々は皆その言うことを嫌に思わない）。（憲問篇）

【6】顔淵、邦を為むることを問う。子曰く、夏（夏王朝）の時（暦）を行い、殷の輅（大きな車）に乗り、周の冕（礼式用の冠）を服し、楽は則ち韶舞し（舜帝の韶楽を用いて舞う）、鄭声（淫猥な鄭国の声調）を放ち、佞人（弁がたちへつらう人間）を遠ざけよ。鄭声は淫に、佞人は危し。（衛霊公篇）

cf.「敬授民時／敬みて民に時を授く」（暦をはじめ農耕の時期を知らしめる）（『書経』堯典）

以上、【6】を除いたすべての章句で、「時」は「時宜」の意味で使われていることが分かる。

16.　尊孔論と批孔論

孔子を学（教）祖とする「儒学」は春秋戦国という下剋上の時代に輩出した諸子百家の中の一学派集団の学説であった。漢代に至って支配階級にとって便利なその学説は国家の正教と定められ「儒教」となった。

「君臣・父子・夫婦」の絆を重んじる親親主義や「仁・義・礼・知・信」の礼教主義を中核とした「三綱五常」の教えは、その後 2000 有余年の封建社会体制を支持し擁護する思想となって中国といわず日本社会の隅々にまで浸透し国民の生活を規制し続けてきた。近代になるとその忠君愛国思想に誘われた軍国主義思想に洗脳された国民は多大の犠牲を払うことになった。

また、孔子を聖人として祭りあげる曲学阿世の尊孔学者や盲目的に孔子を崇拝する多

くの庶民によって、儒教は封建支配体制をゆるぎないものにし、儒教批判者や孔子批判者をギロチンにかけるまでに至ったのである。

　私は2002年、『尊孔論と批孔論』を上梓した。2015年、ドイツのシャルロッテンブルク宮殿で日独修好70周年を記念して開催された「芸術の音色展」に本書を出品したところ、はからずも「日独国際平和文学大賞」を受賞しトロフィーを贈られた。（写真1）
　次いで、2016年にはマルタ共和国で開かれた「日本の印象展」でも「日本マルタ友好文芸大賞」を受賞、トロフィーを頂いた。（写真2）
　同じく2016年、ブリュッセルで開かれた「日本・ベルギー友好150周年展〜友へ〜」に出品、〔批孔寓話〜顰みに倣う〜〕が英訳文と共にパネルで紹介され好評を得た。

（1）

日本マルタ友好文芸大賞トロフィー

　更に 2019 年、フランスで開かれた「日欧宮殿芸術祭」に出品、紹介された同本はグランプリを受賞、表彰状とカップが授与された。（写真３）

（3）

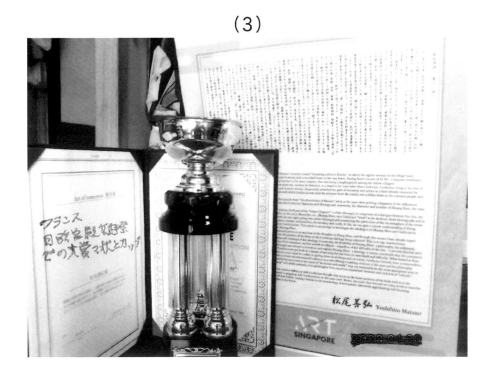

　いずれも私の著作（と思想）が現代西欧諸国と日本の平和友好芸術交流に多大の貢献を果たしたことを讃えたものである。

　この外、『西郷隆盛漢詩全集』や本書の底本にした『日中漢字・漢語・漢詩・漢文論』など国内外で好評を博した著作もあるが、最後にイタリアで紹介され賞賛された批孔論のパネルの一文を（訳文は割愛）掲げて締め括っておきたい。

△　　△　　△　　△　　△　　△

孔子の思想は、時代錯誤、保守性、尚古主義、そして何よりも思考方法の観念性、頑固一徹さに締め括られる。それにひきかえ、荘子哲学の柔軟さ、融通無碍でありながら、弁証法的思考法、比喩の巧みさ的確さ話題の豊富さは、文章の難解さは別としても、感服の至りとしかいいようがなくおもしろい。

Yoshihiro Matsuo　Filosofia Orientale

コラム（3）
〔A〕新中国の言語政策
〔B〕日本漢字文化の虚飾性

　〔A〕多大の戦争犠牲を払った末、1949 年 10 月 1 日、中華人民共和国が成立、新政府は直ちに過去 4000 年の陋習を廃し、新社会主義国家建設をめざして革新政治に取り組み始めた。

　広大な国土と多くの人民を要する中国の緊要課題は〔1〕標準語を普及して全国人民の意思伝達を円滑ならしめること、〔2〕文盲率 9 割の教育レベルを引き上げて先進諸国に伍して活動できるよう文字改革を進めることであった。

　〔1〕中国の南方語と北方語の差はドイツ語とフランス語の差よりもひどいと言われる中、新政府は 1955 年、次の三箇条を制定し、標準語（漢民族共通語）の普及・推進工作を打ち出した。

　①北京語音を標準音とする（語音面）。

　②北方語を基礎方言とする（語彙面）。

　③模範的な現代口語文の著作を文法の規範とする（語法面）。

　一口に中国の標準語を北京語と称する所以である。

　〔2〕1958 年、文字改革工作は①漢字を簡略化すること、②普通語（標準語）を普及すること、③漢字拼音方案（ローマ字書き）を推進することの三項目を三位一体の運動として展開していくことが決められた。

　①漢字の簡略化は、まず異体字の整理（窓、牕、窗を廃止して窻一つにする）と同音代替法（同音異義語を簡単な字体の方に統合する。例：穀 gǔ→谷 gǔ）により漢字の総字数（5 万とある）を減らすことから着手。繁（旧）体字の筆画数を半分にすることをめやすに 1964 年、占めて 2238 個の簡体字が作られた。

　簡体字の作られ方は(a)略字を採用（医←醫）(b)古代文字を採用（从←從）(c)一部を省略したもの（电←電）(d)新形声法によるもの（园←園）(e)偏旁の簡略化（语←語）(f)新会意法によるもの（孙←孫）(g)草書体を採用（车←車）(h)複雑な字体を記号化したもの（汉←漢）などであった。

　②③方言音を正しい標準語音に直すためには、基本となる表語文字・漢字の発音を正

すことから始めねばならない。その時、最善の手段となるのが、ローマ字を使うことである。そこでこの三項目は相互に補完し合う三位一体の工作として同時並行的に進めねばならない。更にそれが全国的に識字率を up し教育レベルを底上げすることに与って力があったことは言うまでもない。

　解放後 70 年、政治的経済的軍事的科学文化的にも世界第二の大国となった中国の今日の発展ぶりはすでにこの三大工作に取り組んだ時点で約束されていたと言えるであろう。

〔B〕〔同文同種〕のペテン

　かって残虐非道の中国侵略戦争を拡大し続行する中で、日本軍国主義者は軍隊用語をことごとく漢語化したり、戦意高揚をはかる目的で漢字の四文字成語を数多く造り出した。

　その一つに「同文同種」がある。「同じ文字を使い、同じ黄色の肌をしたアジア人種同士ではないか、ナァナァ」と侵略戦争を正当化し中国人民をペテンにかけようとしたものである。しかし、中国人はこの語を見た途端、「同字（tón zi＝文字を同じにする）、同種（tóng zhǒng＝種を同じにする）〈動詞＋目的語〉」と読み、日本鬼子（Riběn guǐzi 日本の鬼畜兵隊）が又ぞろ強姦にやってくるぞと恐れおののいたと言う。

　日本漢字語と中国漢字語はもともとこれほどの違いがあったのだ。

漢字の〔形・音・義〕要素を欠落した文化

　中国語を表記する道具・漢字は、古来、「形・音・義」で成り立つと定義されてきた。中国古代漢字が日本に流伝した時、字「形」は同じだが、字「音」は複雑に変化して「声調」要素抜きの訛音と大和ことばの訓音、それに無数の名乗り音をもつことになった。字「義」はもと漢語を日本語訳したものであり、いずれも日本に流伝した後、「借り物」に変身し虚飾文化を作り出すもとになったと言ってよい。

　さて、日本漢字文化の一つと目される書道の世界は三要素のうち字「音・義」を捨象し字「形」のみを過度に強調した「形」式美表現の世界である。

　又、字「形・義」を除外し日本漢字語「音」で表現する詩吟の世界は字「音」のみに偏重した漢字文化世界であり、いずれも見るだけ・聞くだけでは漢詩文の内容理解に辿りつくことはできない。

更に漢字並べ詩作りに到ってはこの三要素を皮相にとり入れて悦に入っている世界と言うことができる。

〔漢文訓読法〕の功罪

　漢字の字「音」の側面を無視し、字「形・義」のみに偏重した「**表意文字**」認識の基に考案された日本独特の古漢語読解方式が「**訓読法**」である。中国古典の理解と受容に対し「訓読法」が果たした功罪は半々であるが、先述の軍国主義増長に加担した罪、近代科学が高度に発達した現代において、漢字教育行政や漢字文化全般にわたって皮相な漢字理解レベルを「推進」した罪は大きいと言わねばならない。

四章　漢詩新論

１．漢字ならべ詩

　大学に勤めていた頃、漢文の先生ということを聞きつけて、時折、「自作の漢詩を見てください」と持参される方がいた。おそらく中学生のころ習い覚えたらしい「漢詩」作りを、長じてからもたしなんでいる年配の方が多かった。

　なかには「押韻」などそれなりに踏んで、そこそこ見られる作品もないではなかったが、いかんせん、漢字の中国語としての発音、なかんずく「四声（唐代は平上去入の各陰陽２声の計八声）」の発音を生命とする漢詩を、日本語漢字音で訓読して作るわけだから、初めから土俵の外で相撲を取っているようなものである。

　「残念ながら、これは漢詩とは言えません。平仄はおろか語法も無視し漢字の意味だけに頼った漢字ならべ詩です」とありていに告知すると、プンプン怒って出ていかれる。あるいは、せっかく間違いを指摘しても「漢語には語法なんかない」と抗弁されながら自分勝手に作った造語を「これはこういう意味です」とむきになって説明される方もいた。

　周囲の者も、「そんなに厳しく批評しなくても」と言うので、時間があれば日中漢字の意味の違いや漢語文法のイロハ、あるいは「平仄法」の規則などを解説しようとするのだが、大学の講義でさえも１年間はかかる内容を一朝一夕に説明出来るはずはなかった。

　いったい、中国語のチの字も解しない日本人が、1000年以上も昔の中国古典や漢詩を読んで分かる、あるいは作れると思うのはなぜなのだろう。

　いま、かりに欧米など外国の古典を原文で読解しようとすれば、必ずまず当該国の現代語の学習から始めるのは理の当然である。ところが、中国古典の場合は現代漢語の学習を抜きにして、いきなり古代漢語に飛び込み、そこそこ意味が分かり漢詩が作れると思いこむという不思議な現象がある。その謎を解くキー・ワードは「漢字」と「訓読法」である。

２．押韻＆平仄

　唐代の詩人、王之渙（Wáng Zhīhuàn）の「登鸛雀楼（鸛雀楼に登る）」を押韻と平仄

に着目して鑑賞しよう。

　この詩は１句が５文字（言）、全体が４句で出来ているので、「五言絶句」形式作品と称する。１句５文字は２字・３字で軽く切ってリズムをとり、１・２句で１ペア、３・４句で１ペアとなる。わが国では昔から１・２・３・４句を起・承・転・結句と称して説明してきたが、これは一詩を解釈した結果、意味的にそうなるものもあるという程度の呼び方にすぎない。漢詩は原則として奇偶数句の２句で一組となると考えねばならないのである。もとをたどれば中国思想の陰陽二元論にまで行きつくことになる。

　漢字は１字が１形１音１義を持ち１ワードとなる。１音節Ｓは基本的に、子音Ｃ・介音Ｍ・主母韻Ｖ・尾韻Ｅから成り、声調Ｔ（四声）が付く。

　　［Ｓ＝ＣＭＶＥ／Ｔ］　例：小＝xiao/3

　１声と２声を平声といい（〇印で表示）、３声を上声、４声を去声、語尾に－ｐ・－ｔ・－ｋのつく入声音と合わせて仄声（●印で表示）という。

1	白	日	依	山	尽、	白日　山に依りて尽き、
2	黄	河	入	海	流。	黄河　海に入って流る。
3	欲	窮	千	里	目、	千里の目を窮めんと欲して、
4	更	上	一	層	楼。	更に上る一層の楼。

　１句の白（*bak）日（*net）は入声音で●。依 yī・山 shān は陰平声〇。尽 jìn は去声で●。従って１句の平仄型は〔●●・〇〇●〕となる。１字目が仄声なので仄起こり、５字目も仄声なので仄終わりと称する。つまり、１句は〔仄起こり仄終わり型Ａ〕の基本型通りに作られていることになる。

　２句の黄 huáng 河 hé は２声＝陽平声〇。入（*niep）は入声音で●、海 hǎi は上声で●。流 liú は２声＝平声で〇。従って２句の平仄型は〔〇〇・●●〇〕となり、〔平起こり平終わり型Ｂ〕の基本型通りに作られていることが分かる。１句と２句の平仄型はきれいに反対になっている。これを「反法」に則って作られているという。

　３句の欲（*jiok）は入声音●、窮（qióng）は〇。千（qiān）も〇。里（lǐ）は●。目（*mok）は入声字で●。すると３句は１字目が基本型〇で作るべきところを●に作った〔平起こり仄終わり型Ｃ〕で〔●（〇）〇・〇●●〕となる。２句と３句は３字目と５

字目を除いて同じ平仄型となるので「粘法」に則って作られているという。

　４句の更（gèng）は去声で●。上（shàng）も去声で●。一（*it）は入声音●。層（céng）は平声〇。楼（lóu）も２声で平声〇。すると４句は〔●●・●〇〇〕の〔仄起こり平終わり型D〕で、３句とは反対の平仄（「反法」に則る）型になっている。つまり、この作品は五言句の基本四型ＡＢＣＤを全て使い、「反法」「粘法」の規則に則って作られた（３句１字目のみ外した）平仄上完璧な作品なのである。

　漢詩は第一の原則として偶数句末字を「押韻」させなければならない。本詩の場合、流（lióu）と楼（lóu）の母韻部分が声調も含めて同じ語音の字で作られているわけだ。これらは【106 詩韻韻目表】の下平 11 番目「尤 yóu」という「韻目」（グループ代表の字）の中にある字なので、これを「流、楼」は「尤」で韻を踏んでいる（押韻している）と言う。しかも、それらはもう一つの規則「押韻は平声字でする」にも従っていることになる（平声押韻字を◎印で表示）。

1　●●・〇〇●〔仄－仄型Ａ〕

2　〇〇・●●◎〔平－平型Ｂ〕

3　●（〇）〇・〇●●〔平－仄型Ｃ〕

4　●●・●〇◎〔仄－平型Ｄ〕

1　今、中天に輝く真昼の太陽は、やがて数刻の後、はるか西方の山なみに沿って没してゆき、

2　今、眼下を流れる黄河は、やがて左折して千数百キロを流れ下り、かなたの渤海湾へと注ぎ込んでゆくのだ。

3・4　私は祖国のこの悠久雄大な景観を更に遠くまで見極めようと、もう一段上の階へと楼を登ったのだった。

３．五絶句の平仄式とリズム

　漢詩は、唐代にさまざまな作詩上の規則が作られて、その規則に従って作られた近体詩（絶句・律詩・排律）と唐代以前に作られた古体詩（古詩・楽府）とに二大分類する。

　近体詩作成上の各種の規則のうち最重要なものが「平仄」の規則である。漢詩を作る上でも鑑賞する上でも「平仄」こそが漢詩の神髄であると言ってよい。

　漢語は声調言語と言われるように、34 個の母音と 21 個の子音で綴られる発音の外、

声調という独特な抑揚アクセントを持っている。今、現代漢語の四声調と中古（唐代）漢語の声調（平・上・去・入声）を対比するとほぼ次のようになる。

現代漢語の第一声（高く平らに発音する 55︺）＝中古漢語の（陰）平声。第二声（急激に尻上がりに発音25︹）＝（陽）平声。この二種を「平声」という（分かり易く〇印で表示することにする）。

ナベ底型に発音する 214︾のが第三声＝上声。急激に尻下り型に発音する 51 ＼第四声＝去声。この外、中古漢語には語尾にグロッタルストップ－ p、－ t、－ k を伴う入声音があった。これらは高く軽やかな「平声」に比べて重くクセのある発音で「仄声（そく）」と称する（●印で表示する）。

つまり、すべての漢字をその声調によって平〇と仄●に二大分類し、2字ずつを基本単位として規則化したのが「平仄の規則」である。

ところで、五言句の場合、2字・3字で軽く切ってリズムをとり、七言句は2字・2字・3字で切ってリズムをとる。これに「平仄」をくみ込むと以下のような4種の基本型ができ上る。

　　　七言句平仄型／五言句平仄型
　　　　　　　〇〇／●●・〇〇●〔平－仄〕型／〔仄－仄〕型
　　　　　　　〇〇／●●・●〇〇〔平－平〕型／〔仄－平〕型
　　　　　　　●●／〇〇・●●〇〔仄－平〕型／〔平－平〕型
　　　　　　　●●／〇〇・〇●●〔仄－仄〕型／〔平－仄〕型

五・七言とも下3字は〔〇〇●〕〔●〇〇〕〔●●〇〕〔〇●●〕となり、語法的には〔2・1〕〔1・2〕〔1・1・1〕〔3〕という語構造になる。

五・七言詩とも以上の四基本型をもとに〔1〕奇・偶数句（1・2、3・4句）は「反法」に従う（反対の平仄型になるように作る）。〔2〕偶・奇数句（2・3句）は「粘法（ねんぽう）」に従う（同じ平仄型、但し、3・5字目は反対の平仄となる）。〔3〕偶数句末（2・4句末）と初句〔平－平型・仄－平型〕の場合の押韻は「平声字押韻」とする。近体詩作詩上のこの三大規則をすべて満足させる詩はそれぞれ次のような四平仄式作品となる。

南楼望／南楼からの望め　　盧僎

1	去	国	三	巴	遠、	国を去って三巴は遠く、
2	登	楼	万	里	春。	楼に登れば万里春なり。
3	傷	心	江	上	客、	傷心たり江上の客、
4	不	是	故	郷	人。	是れ故郷の人ならず。

　1・2、3・4句は〔1〕「反法」、2・3句は〔2〕「粘法」に従う。2句末「春 chūn」、4句末「人 rén」が上平声の十一「真 zhēn」で押韻。

〈通釈〉

　1　私は国都・長安を去って遠く離れたここ巴（蜀）の地に（恐らく左遷されて）やってきたのだが、

　2　ある日、南楼に登って眺めると見渡すかぎり春景色が続いている。

　3　そぞろ物悲しく江（かわ）のほとりに立ちつくす旅人の私、

　4　この地は私の生れ故郷ではないのだ。

聴箏／箏を聴く　　李端

1	鳴	箏	金	粟	柱、	鳴箏は金粟の柱、
2	素	手	玉	房	前。	素手は玉房の前。
3	欲	得	周	郎	顧、	周郎の顧を得んと欲して、
4	時	時	誤	拂	絃。	時時誤ちて絃を拂う。

　1・2句、3・4句は「反法」に従っている。2・3句は「粘法」。

　1・2句は語法上も語義上も対に作られきれいな対句になっている。「前 qián」「絃 xián」が下平声一「先 xiān」の韻を踏む。

〈通釈〉

　1　よく鳴る箏には桂の琴柱がついており、

　2　妓女の真白な手が箏の胴前に揃って演奏が始まった。

　3　その妓女たちは呉の国の若き将軍・周瑜の気を引こうとして、

　4　しょっちゅうわざとまちがえて絃を払っている（耳のよい周瑜は間違えた弾き手

をふり向いて見たという）。

塞下曲／塞下の 曲 （さいか きょく）　盧綸（ろりん）

1	月	黒	雁	飛	高、	月は黒く雁の飛ぶこと高し、
2	単	于	夜	遁	逃。	単于は夜遁逃す。
3	欲	将	軒	騎	逐、	軽騎を将て逐わんと欲す、
4	大	雪	満	弓	刀。	大雪に弓刀満てり。

　1・2、3・4句は「反法」に則る。2・3句は「粘法」。3句1字目は〇を●に作った一瑕疵作品（全20字中、1字のみ基本型に違背）。「高 gāo」「逃 táo」「刀 dāo」が下平四「豪 háo」での押韻。

要塞のふもとの曲（とりで うた）

1　月は黒雲の中に隠れ、雁の群が高く飛び過ぎて行く、

2　夜陰にまぎれて単于（ゼンウ）の軍は遁走した。

3　屈強の軽騎兵を使って追撃しようと、

4　大雪原の中、弓や刀がひしめいている。

閨人贈遠／閨人遠きに贈る（けいじん おく）　王涯（おうがい）

1	花	明	綺	陌	春、	花は明るし綺陌の春、
2	柳	拂	御	溝	新。	柳は御溝を払って新たなり。
3	為	報	遼	陽	客、	報せを為さん遼陽の客に、
4	流	光	不	待	人。	流光人を待たずと。

　1・2、3・4句は「反法」に則る。1句末も平声字のため押韻。2・3句は「粘法」に則る。「春 chūn」「新 xīn」「人 rén」が上平十一「真 zhēn」での押韻。

留守居妻が遠方の夫に贈る詩

1　花々が色とりどりにあぜ道に咲いている春の盛り、

2　柳の小枝は風に吹かれて清らかにお堀の水面（みなも）を払っている。

3　はるか彼方の遼陽（現遼寧省）あたりをさすらっているであろう旅人（夫）に便りをしましょうか、

　4　歳月は人を待たず、私もどんどん年老いてゆきますよと。

　五言絶句作品は初句が〔仄－仄型Ａ〕と〔平－仄型Ｄ〕が正格作品で、両者で作品全体の８～９割方を占める。初句〔仄－平型Ｂ〕と〔平－平型Ｃ〕は偏格作品で、全体の１～２割である。律詩、排律は絶句形式のくり返しであるが、初句〔Ｂ／Ｃ〕型は５句目を〔Ａ／Ｄ〕型に変える。

　五・七言絶句の平仄とリズムを、○＝トン、●＝ドンで表わすと以下のようになる。
　　　　七言句／五言句
　〔Ａ〕トントン／ドンドン・トントン・ドン
　〔Ｂ〕トントン／ドンドン・ドン・トントン
　〔Ｃ〕ドンドン／トントン・ドンドン・トン
　〔Ｄ〕ドンドン／トントン・トン・ドンドン
　五言句のリズムを〔Ｃ〕「トーン・トーン・ドンドン・トン」と考えれば、五・七言句とも４／４拍子のリズムとなる。

4．わが国の唐詩解説の「十大うそ」

　中国語（漢語）の言語学的特徴は、表記手段として表語文字＝漢字を使い、漢字一字が１形１音１義を持ち一語となることである。語に活用がなく、文法的機能は語順によってのみ示される（孤立語／位置語）。

　単音節語・漢語の漢字一音節は〔Ｓ＝ＣＭＶＥ／Ｔ〕と定式化される。音節 Syllable は声母（子音）Consonant と韻母 Vowel（介母韻 Medial Voice・主母韻Ｖ・尾韻 End／声調 Tone）の要素で構成され、母音が優勢な独特の抑揚アクセント＝声調を持つ声調言語である。

　現代漢語の四声は中古漢語では八声調あったとされる（平・上・去・入の各陰陽２声）。陰平声（現代漢語の第一声）と陽平声（同二声）が「平」声、上声（三声）と去声（四声）、それに語尾に（－ｐ・－ｔ・－ｋ）を持った入声を合わせて「仄」声と言う。高く平らで引き伸ばして発音し易い「平声」に対し、「仄声」はナベ底型や尻下がり型など抑揚が激しく、グロッタルストップのある入声ともどもクセのある発音である。

「押韻」とはこの声調を含めた韻母部分を同音とする字のことである。従って押韻の点検に当たっては、現代漢語から中古漢語の「平仄」を推定し判断することが必須条件となるのである。但し、入声音は現代漢語音にはなくなっており、日本漢字古音で語尾が「－フ・－ツ・－ク・－チ・－キ」になるものがその痕跡を留めているので、判定に役立つことになる。この判定法は現代中国人にとっては及びもつかぬ日本人独特の「芸当」になるわけだ。

　わが国の唐詩（近体詩）諸規則についての解説には「うそ」が多い。「うそ」と言ってしまえばいささか語弊があるが、かなりの不備があることは否めない。これは恐らくわが国では昔から漢詩漢文を「訓読」して理解してきたことに起因するものと思われる。近代言語学研究の成果に基き、正しく見直すことが必要になってきている。以下、現代漢語及び古代漢語の語義・語音・語法の観点から諸規則を見直し、不備を補うことにしよう。

（１）「押韻」を日本漢字音で説明する「うそ」

　日本漢字音のいわゆる呉音・漢音・唐宋音は、日本の古代人が古漢語や中古漢語の漢字音を訛って発音した名残である。漢語語音の子音や母音が圧倒的に多いため、日本語語音に移す際いくつかをまとめて発音せざるを得ず、結果、日本の漢字には同音異字語が異常に多くなってしまった。しかも、日本人の耳には漢語の「声調」がなじまなかったので漢字の中に取り入れて発音することができず、ために今日に至るまで漢詩漢文理解の致命傷となった。西郷さんや漱石氏があれほど見事な漢詩を作るようになるには恐らく一つ一つの漢字音を丸ごと覚え平仄の規則に従うという想像を絶する苦労があったに違いないのだ。

（２）「平仄」を字面（じづら）からのみ説明する「うそ」

　一体、人間がものごとを「知る」とはどういうことなのだろうか。万物の霊長たる人間は、たとえば『漢和辞典』に、この字は平声字です、あるいは仄声字ですと書いてあれば、実際音はそっちのけにして字面からのみ見て覚え判断することが出来るようになる。かくして少なからぬ日本人が、そこそこの漢字を使って漢（字ならべ）詩を作るまでになる。

　だが、本来、漢字は語義と語音と語法の三要素から成り、三位一体となって漢語の書面言語を綴る表記道具なのだ。漢字の字面を見て漢語が分かると思い、字面で覚えた「平仄」を操って漢詩が作れると思い込むのは、一部の妥当性はあっても、あくまで「訓読」

レベルの所業であることを銘記しなければならない。

（３）句末に「、」と「。」をつけない「うそ」

　中国思想の最大の特徴は、ものごとを陰陽二元で捉え相対的に思惟することである。西欧のＧＯＤ一元論と根本的に異なるところである。

　漢詩の場合も同じ思惟が働らき、初句と二句、三句と四句はペアを成し「対」となる。だから、中国の版本では漢詩を書く時、初句末が「、」、二句末が「。」となる。

　ところが、日本人の「訓読」レベルの理解は中途半端で、中国の相対性の原理にまで思い及ばないため、漢詩を書く時、句読点を付けないかすべての句末に句点を打ってしまうのだ。そんなささいなことをと言う勿れ。これこそ日本人の漢語理解の限界を示す象徴的出来事と言えないだろうか。その他の分野に於いても、これに類する現象が起きていなければ幸いである。

（４）漢詩の構成を「起承転結」のみで説明する「うそ」

　　　大阪本町糸屋の娘（起）

　　　姉は 16、妹は 14（承）

　　　諸国諸大名は弓矢で殺す（転）

　　　糸屋の娘は目で殺す（結）

　これは頼山陽が漢詩の手ほどき用に使った俗謡という。だが、漢詩の構成は上に見たように奇偶数の２句で対をなすのが原則で、前半２句が叙景、後半２句が抒情もしくは情意の濃い叙景と相場は決まっている。なるほど漢詩なかんずく日本人の漢詩に「起承転結」構成のものがなくはないが、あくまで結果としての謂で、むしろそれは「訓読」レベルの読解・作詩を逆証明していると言えよう。音的側面を投げ捨て、字面から「形」側面のみに偏重して語義理解していながら、全体が分かったと思い込む「訓読」の欠陥を問わずがたりに物語っている。「起承転結」は小中学生の作文の時間にこそ有効活用させるべきだろう。

（５）平仄型の「起り」のみを言う「うそ」

　（次項で解説）

（６）「踏み落し」と言う「うそ」

江戸時代、漢詩作りの好きな和尚がいて、近所の子供が「瘧（マラリア）」を患った
ことを聞き、「して、その‘起り’は平か仄か」と尋ねたという笑い話がある。

従来、わが国ではこのようにとかく「起り」のみに着目して平仄式を説明してきたが、
五七言詩ともに平仄式は４型あって、それは以下の基本四平仄型に基いて諸規則との組
み合せで出来上るものである。

	七言：	五言	七言	五言
A	○○：	●●○○●	〔平起り仄終り〕	〔仄起り仄終り〕
B	○○：	●●●○○	〔平起り平終り〕	〔仄起り平終り〕
C	●●：	○○●●○	〔仄起り平終り〕	〔平起り平終り〕
D	●●：	○○○●●	〔仄起り仄終り〕	〔平起り仄終り〕

近体詩の平仄式はこれらＡＢＣＤをそれぞれ初句とした時、これに、①偶数句末を平
声押韻させる。②奇偶数句の平仄を反対にする〔反法〕。③偶奇数句の平仄を同じにする
〔粘法〕の規則を加味して、以下の四基本平仄式が出来上る。

七言詩
┌ A－C－D－B（偏格）
│ B－C－D－B（正格）
│ C－B－A－C（正格）
└ D－B－A－C（偏格）

五言詩
┌ A－C－D－B（正格）
│ B－C－D－B（偏格）
│ C－B－A－C（偏格）
└ D－B－A－C（正格）

五七言詩とも、基本ＡＢＣＤの組合せで出来上るのだから、五言の基本四型さえ覚え
ておけば、七言の基本型はその頭に反対の平仄２字ずつを上のせすればよいわけで記憶
しやすい筈だ。

「起り」とは本来第一字目を指すが、実作品は往往にして〔一三五不論〕の附帯条件
を使って基本型とは反対の平仄字で作られているので、〔二四不同二六対〕の大原則に
基き、より確実な第二字目の平仄を指して言うのである。と同時に、句末字の平仄（終
り）も確認しなければ、「起り」のみでは二型ずつあるうちのどちらを指しているのか判
別できないことになる。因みに七言詩の〔A－B〕型、〔D－C〕型は句末が仄声字だか
ら当然押韻しないし且つそれは「踏み落し」ているのでもない。逆に五言詩であっても、
〔B－B〕〔C－C〕型は当然初句も平声押韻するわけだ。

（7）「二四不同二六対」のみを金科玉条にする「うそ」

　上記ＡＢＣＤの基本四型を見れば〔二四不同二六対〕の大原則は一目瞭然、本来的に成立していることが分かる。詩人達はこれら四基本平仄式をベースに実作に取り組むわけだが、その際〔一三五不問（１・３・５字目の平仄は自由にしてよい）〕の附帯条件が「救い」となる。但し、これには更に「救拯法」の規則があり、１・３・５字目を基本型に反して作った場合、同一句か次句の一三五字目を使って更に平仄を逆に作って相殺し、２句の平仄総数を５：５／７：７の元の数に戻す工夫をしなければならないのである。つまり〔一三五不問〕の許可条件は、出来るだけ基本パターンに沿って作り、はみ出た時はフォローして元に戻し、あまりに勝手放題な詩作は許さないという規制条件付きだったのである。

　わが国の唐詩平仄式の図式が〔◉／◑〕印を使って却って判りにくくなっているのは、〔二四六分明一三五不問〕の原則を同時並行的に図示しようとしているからである。先ず基本型を明示し、順次附帯条件を加味して解説していくことが肝要だったのだ。

（8）「禁忌事項」の説明ができない「うそ」

　近体詩は五七言詩とも上記四基本平仄式をベースに、①一句の平仄を必ず〔二四不同二六対〕にする、②偶数句（時には初句も）末字を平声押韻させる、③〔反法〕、④〔粘法〕に則って作られる。更に⑤〔一三五不問〕の規則を〔救拯法〕のフォローのもとに活用し、結果的に「下三連（平・仄）／孤平・孤仄」にならぬよう、やりくりしなければならない。

　「下三連」の禁忌事項は、本来、基本型の下３字が〔○○●／●○○／●●○／○●●〕であるところを〔○○○／●●●〕に作ることを戒めたものである。同様に「孤平・孤仄」の禁忌事項も、⑤の操作を施した結果〔●○●／○●○〕になってしまうのを回避させようとしたものである。二項とも「下三平／孤平」の罪が重いということは、そもそも「平声」は高く平らに長く引いて発音するに秀れ、ために「平声押韻」が成立するのに対し、重くくせのある「仄声」は押韻になじまない。逆に、高く平らで耳に快い発音が続きすぎると節度が失われ却っていやらしくなる。仄声に挟まれた「平声」の発音もギクシャクして滑らかさに欠ける。要するに、音声的にも最善の形の四基本平仄式に大事なところで違背してしまう作品は、韻文作品としての品格を問われるということを意味しているのではないかと思われるのである。

この推察の妥当性を次例で示す。

張明澄氏は、日本人のすきな張継の「楓橋夜泊」は中国人にとっては及びではない。何故ならこの詩の初句は音声的にゴツゴツして耳障りだからだと言う。（張氏の著書は『誤訳・愚訳』『間違いだらけの漢文』久保書店 1962／1971）

　　　月落 yuèluò●●,烏啼 wūtí○○霜 shuàng●満 mǎn●天 tiān◎

一方、中国で誰にも好かれる詩は杜牧の「寄楊州韓綽判官（楊州の韓綽判官に寄す）」だということだ。

　　　青山 qīngshān○○隠隠 yǐnyǐn●●水 shuǐ●迢迢 tiáotiáo○◎

なぜそうなのか、漢詩を中国語で発音することの出来る者なら一目（耳）瞭然、くだくだしい解説など要しまい。

（9）「対句三条件」を認知しない「うそ」

ことばの三大要素は語義・語音・語法である。我われは、この三要素を内蔵した漢字で表記された書面言語の漢詩漢文を読み解く場合も、当然この要素を元に戻してオールラウンドに対象を分析し鑑賞しなければならない。

ペアを成す奇偶数の２句が「対句」に仕上っているかどうかを判定するには、①語義上の対、②語音すなわち平仄上の対、③語法上の対の検証が必要である。これまで日本の漢学者の対句検証は専ら①の範囲内にとどまっていた。②は上述の通り。以下、③に関して、漢語文法の基本六型を私見ではあるが提示しておこう。

漢字という表語文字で表記された漢語書面言語の漢詩漢文。漢語の発音は難しく、漢字の語義も複雑微妙なものが多いが、その分、語法は至って簡単だと言える。基本的に次の六型が考えられる。

　　Ⅰ　名詞述語文　　（主語Ｓ－述語ＰのＰが名詞）

　　Ⅱ　動詞述語文　　（　〃　　　　〃　　　　〃　　　動詞）

　　Ⅲ　形容詞述語文（　〃　　　　〃　　　　〃　　　形容詞）

　　Ⅳ　〔Ｓ－Ｖ－Ｏ〕構造の文（Ⅱに目的語Ｏが付いたもの）

　　Ⅴ　〔Ｓ₂・Ｓ₁－Ｐ〕構造の文（象ハ鼻ガ長イの多主語文）

　　Ⅵ　〔Ｓ₂－Ｖ－Ｓ₁〕構造の文（場所詞／時間詞－存現動詞－主体語の処動構造文）

漢語の実詞は名詞・動詞・形容詞の三種しかない。漢語の文はこれらを核として前後に虚詞（副詞や助動詞・前置詞・接続詞等）を付けて補足し、上記六型を基本構造とし

て鎖状に繋いで作られる。

　Ⅰは、わが「訓読」界では従来認知されてこなかった嫌いがある。

　Ⅱの動詞の後に補語Cのついた形とⅣの分別はかなり難しいときがある。（「おわりに」を参照。）

　Ⅲの形容詞は目的語をとれないので、より複雑な内容を伝達するにはその話題を前に持ってくる外ない（Ⅴ）。Ⅴの構造はⅠ・Ⅱでも成り立つ。

　Ⅳが漢語文中最もポピュラーな文型である。

　Ⅵは漢語特有の構造で、場所詞や時間詞のあと存在や出現・消滅などの動詞を用いて、その主体語が最後に来る文。（存現文）

　漢詩の解釈ではこのⅥ型文を見定めることが、特に日本人にとって、重要なカギになることが多い。

（10）漢字は表意文字であるという「うそ」

　漢字は表意文字であるという「常識」が世界中を駆け巡っている。だが、五万とある漢字のうち、その９割以上は形声文字である。象形文字が単体であるのに対し、形声文字は普通双体で偏と旁より成る。偏が意符、旁が声符と呼ばれるように、アルファベットＡＢＣのようにストレートな形ではないが、同じ旁を持つ形声文字は原則として同じ発音をする表音成分を有する「表語文字」なのである。つまり、漢字は総体的に一種隠された形ではあるが表音成分も持つ「表語文字」だったのである。

　漢字は字面を見れば意味が分かるという意味の「表意文字」という呼称のもたらす罪は重い。それは日中漢字の語音の違い、語法の違いをあいまいにしたまま、字形と字義の同一性に全面的に依りかかって古漢語全体が分かると錯覚させる道へ誘う魔力を秘めているからである。

　我われは訓読法弁護論へ繋がるこの呼び方を改め、漢字を正しく「表語文字」として捉えた上で、古漢語に正面から向き合い、正しい読解をめざす道へ進まねばならない。訓読法にはそれとして日本古典漢文読解の一翼を担わせつつ、漢字の語義・語音・語法の三要素をフル動員して、現代日本人として中国古典に正攻法で取り組む姿勢を打ち出す時期にとっくの昔に立ち至っていると思うのだ。

　必要以上に孔子を崇め奉る一方で、「チャンコロ」という蔑称を平気で使ったわが国の対中国観のギャップと温床を、もうこの辺で埋め洗い清めていかねばならない。

５．「静夜思せいやし」VS「夜思やし」

　20年も前、中国の大学へ日本語教育で赴おもむいた際、日本の漢詩読解法を教える授業を持った。李白の「静夜思」なら分かり易いだろうと思い板書すると学生達は怪訝けげんな顔をする。自分たちの習ったものと詩題が違い、詩中にも２字ほど違いがあるという。小学初年生のころすでに暗記させられたこの詩は、詩題が「夜思」、１句目の３字目が「明」、同じく３句目の４字目も「明」であったと諳そらんじてみせた。しかし、中には日本と同じ「静夜思」で学んだという者もおり、いささか混乱していた。

　さて、どう収拾すればよいか。残念ながら、当時はまだ両詩の存在さえ知らず、ましてやその是非の判断をする術すべを持ち合わせていなかった。

　爾来、苦節20年、研究を重ねて、今では両者のうちどちらが李白の原作であるかの、語法的・語義的・語音的判定法を探り得ることができた。以下、両者を比較解説し、「夜思」がオリジナル作品であることを証明する。

静夜思／静かな夜の思い　李白
Jing Yè Sī

1	牀 chuángqián 前 ○	看 kàn ●	月 yuèguāng 光、 ●		牀前にて月光を看る、 しょうぜん　　み
2	疑 yí (●)	是 shì	地上 dìshàng ○	霜。 shuāng (○)	疑うらくは是れ地上の霜かと。 うたご
3	挙 jǔ	頭 tóu ○(●)	望 wàng	山月 shānyuè、	頭を挙げて山月を望み、 こうべ　あ　　　　　のぞ
4	低 dī	頭 tóu	思 sì	故郷。 gùxiāng	頭を低れて故郷を思う。 こうべ　た

　〈詩形・押韻〉

　光、霜、郷が下平七陽 yáng で押韻。この詩は２句４字目と３句２字目が〔二四不同〕の大原則に違背しており、近体詩の絶句作品とは認め難い。かと言って古体詩として括くくるには厳しすぎるので「古絶句」と称しておく。

　３・４句は古体詩並みの対句になっている。もし、近体詩作品としての対句にするならば、例えば３句２字目の「頭○」を「首しゅ●」に変えねばならない。見た目には古体詩の対句の方が見栄えがするわけである。

　さて、漢語（中国語）の最もポピュラーな語構造は〔主語Ｓ－述語動詞Ｖ－目的語Ｏ〕である。例えば３・４句はこの構造を二つ組み合わせたものである。

　〔（我Ｓ）－挙Ｖ－頭Ｏ／（我Ｓ）－望Ｖ－山月Ｏ〕

〔（我Ｓ）－低Ｖ－頭Ｏ／（我Ｓ）－思Ｖ－故郷Ｏ〕

　もし、この構造で１句も分析しようとすれば「牀前」を主語とみなさねばならなくなる。〔*牀前Ｓ－看Ｖ－月光Ｏ〕

　かりに「牀前」が「小善」というような人名であるとすれば、この構造句はすんなり成り立つ。しかし、「牀前」は「ベッドの前」という場所詞だから、この句も主語＝我Ｓが省略されていると考えねばならない。

〔（我Ｓ）（牀前）－看Ｖ－月光Ｏ〕

　すると「牀前」の前に「在 or 於」という前置詞がなければならず、それが省略されているとみてもいかにも落ち着きが悪い。普通、場所詞は最後に置かれるものであるから。

〔（我Ｓ）－看Ｖ－月光Ｏ－（於）牀前〕

夜思／夜の思い

1	牀	前	明	月	光、	牀前に月光明らかなり、
2	疑	是	地	上	霜。	疑うらくは是れ地上の霜かと。
3	挙	頭	望	明	月、	頭を挙げて明月を望み、
4	低	頭	思	故	郷。	頭を低れて故郷を思う。

　日本の漢文学者がよく間違える漢語語法構造に「存現文構造」がある。先ず場所詞や時間詞があって、次に存在・消滅・出現などを表す存現動詞があり、その後にその主体となる名詞が来るという構文で、ここの初句はそのものズバリの存現文構造句（Ⅵ）である。

〔牀前（場所詞）－明（存現動詞）－月光（主体語）〕

　（cf.）秋水明落日／秋水ニ落日明ラカナリ。

　（秋の川面に夕日が赤赤と照り映えている）〈杜陵絶句〉

　　渌水明秋日／渌水ニ秋日明ラカナリ

　（清らかな川面に秋の陽が明るく照り映えている）〈渌水曲〉

　そうすると、先ず語法的には、ギクシャクした「静夜思」より、スンナリ基本構造に当てはまる「夜思」の句の方に軍配があげられる。

　「牀」の字を現代漢語の簡体字では同音の「床」の字で代替する。この外、「挙＝举」、「頭＝头」、「郷＝乡」となる。簡体字で書かれたテキストの本詩を見たある日本の漢学

者が、「牀前」は「床几」のことではないかという珍説を打ち出した噴飯ものの事実があった。又、「牀前」は「井戸端」のことと主張してやまない中国人学者もいる。「牀」には「井げた」の意味もあるから膨大な資料を「こじつけ」てその結論へ導くことも不可能なことではない。しかし、それが「牽強附会<ruby>牽強附会<rt>ケンキョウフカイ</rt></ruby>」であることは２句目を見ればすぐに分かることである。井戸は普通、屋外に掘られているものであるから、当然井戸の囲りは地面である。霜は地面に降りるものであるから、２句目で白々と光る地表を指してわざわざ「地面の上」の霜ではないかと疑う必要はないわけだ。

　藤堂明保著『漢字の語源研究』では爿扁<ruby>爿扁<rt>ショウヘン</rt></ruby>の字を次のようにグルーピングして示している。

　　牀：細長い板を台脚にのせたもの。　狀：細長い犬→状態の意に転化。

　　壯：背たけの長い男。　　　　　　　戕：細長い柄つきの武器。

　　牆：細長いかきね。　　　　　　　　妝：すらりと細長く身づくろいする。

　　將：最長の中指→将来の意に転化。　莊：草の長く生いたつこと。

　「細長い」という基本義を持つこれら単語家族からも帰納できるように、「牀」は「細長いベッド」以外の何物でもない。

　「山月」と言えば、彼方の山の端にかかるルクスの弱い半月などをイメージする。対して「明月」と言えば皓皓<ruby>皓皓<rt>コウコウ</rt></ruby>と輝く満月を想い浮かべるのが人の常であろう。「山月」が冷たい悲愴感さえ漂わせるのに対し、「明月」は明るくロマンチックでさえある。

　最後に、詩題も「夜思」の二語の方が漢語本来の熟語としてふさわしく、「静夜思」は語学的センスの乏しい者の造語であると言えそうだ。

６．空海の離合漢詩

　平安時代（西暦 800 年ごろ）、第十七次遣唐使・藤原葛野麻呂<ruby>葛野麻呂<rt>かどのまろ</rt></ruby>に同船して入唐した空海は、途中、暴風雨に遭い福州に漂着した。開元寺に約１ヶ月滞在した後、次のような漢詩を残して長安へ向かった。

　　　　　　　霊源深処離合詩／霊源<ruby>霊源<rt>れいげん</rt></ruby>深き処<ruby>処<rt>ところ</rt></ruby>　離合詩<ruby>離合詩<rt>りごう</rt></ruby>　　空海

　　１　磴　危　人　難　行、　　　磴　危<ruby>磴 危<rt>いしざかたか</rt></ruby>くして人行き難く、

　　２　石　険　獣　無　升。　　　石　険しくして獣も升<ruby>升<rt>のぼ</rt></ruby>る無し

```
3　燭　暗　迷　前　後、　　　燭は暗く前後に迷う、
4　蜀　人　不　得　灯。　　　蜀人　灯を得ず。
```

〈通釈〉　1・2　開元寺の霊源閣は山林の奥に建てられていて、そこへたどる石段は高く険しく、人や動物の往来を阻むかのようだ。

　3・4　かがり火は暗く、修行の未熟な私は、一人、道の前後に踏み迷い、いまだ前途を照らす灯明を探り得ないでいるのだ。

〈詩形・押韻・平仄式の検証〉

　詩形は五言絶句。行 xíng、升 shēng、灯 dēng が、下平八庚 gēng と下平十烝 zhēng の通押（二つの韻目にわたっての押韻）。

```
1　●　○○　●◎〔平－平型〕。　　　3　●●○●〔仄－仄型〕。
2　●●●○◎〔仄－平型〕。　　　　4　●　○●●◎〔平－平型〕。
   (○)  (●)                                  (○)
```

　1句1字目、基本型は○であるべきを●に作った。又、3字目は●であるべきを○に作った。実はこの1・3字目は〔二四六分明（2・4・6字目は平仄が〈二四不同二六対〉になるようにはっきりさせる）〕〔一三五不論（1・3・5字目は平仄どちらでもよい）〕の基本規則のうち後者を使って反対の平仄字で作ったものである。但し、その際、恣意的に逆に作ってあとは知らん顔をするのではなく、1・3・5字目（この場合1・3字目）を使い、互いに基本型とは反対にして平仄数を元に戻す努力をしなければならないという付帯条件を伴うのである。これを「救拯法」という。つまり、この詩の1句目は、1・3字目を基本型と互いに逆にして「救拯」し、平仄数を相殺して元に戻し「疵」をなくしているわけで、4句1字目はその手を打ってないので、本詩の平仄は一ヶ所のみ基本型に悖る「疵」になっているのである。従って全詩の平仄数は本来○10：●10であるべきが、○9：●11になっている。

　五七言絶句詩は本来対句に作る規則はないのだが、本詩は1・2句がきれいな対句になっている。ペアとなる2句が対句になる必要十分条件は、①平仄が対になっていること。②語法が対になっていること。③語義が対語になっていることの三条件である。

　王之渙の「登鸛雀楼」の詩で言えば、1・2句と3・4句ともがすべて対句に作ってある。

白日　依　山　尽　〔主語・動詞・目的語・動詞〕
↕　↕　↕　↕　　〈連動式構造句〉

黄河　入　海　流　〔 〃　　〃　　〃　　〃 〕

欲　窮　千里　目　〔助動詞・動詞・目的語〕
↕　↕　↕　↕　　〈（S）・動詞・目的語構造句〉

更　上　一層　楼　〔副詞・動詞・目的語〕

本詩の１・２句も次のように上記３条件を満たした完璧な対句である。

礙・危／人・難・行　〔主語・形／主語・副・動〕
↕　　↕　　　〈S・A／S（副）Ｖ構造句〉

石・険／獣・無・升　〔主語・形／主語・副・動〕

　さて、離合詩とは、漢字の扁と旁を切り離したりくっつけたりして別の漢字を作り、巧みに組み合わせて作り上げた漢詩のことである。

　１句１字目の「礙」をばらして「石」と「登＝升」に変え、２句目を作った。３句１字目「燭」をばらして「蜀＝獨（独）」とその火扁を使って「灯＝燈」に変え４句目を作った。

　１句１字目「礙」と４句末字「灯（燈）」の配合の巧みさ、語音「礙 dèng、灯 dēng」の妙味を見よ。しかも上記、対句の３条件を満たした上での離れ技・合わせ技の結晶となっているのである。

７.「涼州詞」（唐）王之渙を読み解く

　唐王朝の国都・長安は人口100万を擁する当時としては世界最大級の城市であった。多くの異国人が行き交う街頭では大道芸人が妙技を披露するなど繁栄を極めていた。

　粉雪の舞うある寒い日、繁華街のとある「旗亭（料亭）」で、王昌齢、高適、王之渙の三人がうさばらしの酒を飲んでいた。そこへ数名の歌妓がやってきて漢詩を謳いはじめた。かねて互いの詩才が甲乙つけがたいレベルにあると認識していた三人は、この際、その歌妓たちの歌う詩の数によって順位を決めようと話し合った。

　はじめは王昌齢の詩、次は高適、次も王昌齢の詩が歌われた。その時、之渙は最も美形の歌妓を指さし、あの妓が私の詩を歌わなかったら、今後お二人に兄事しましょうと

言った。その妓女の歌ったのは果たして「黄河遠上」の詩だった。三人は大笑いし、話を聞きつけた歌妓たちと終日遊興したという（「旗亭故事」）。

　このエピソードから読み取れることは、①漢詩が当時歌姫たちによって歌われていたという事実（管弦楽器の伴奏つきであったかどうか推測の域を出ないが）。②王昌齢・高適・王之渙は親友同士、時に料亭などで「くだを巻いていた」らしいこと（いずれ劣らぬ硬骨漢であったとの伝記の残る三人は、時勢批判の政治談義などをしていたと思われる）。③前二者は官吏として漠北の地へ赴き、自らの目で現地の状況を見聞きして辺塞詩をものしているが、王之渙にはその伝記がなく、にも拘わらず辺塞詩と目される「涼州詞」を作り今もって有名である。このナゾを解くカギは作品をとことん解明すること以外にはないであろう。

涼州詞／涼州の詞　　王之渙

1　黄河遠上白雲間、　　　黄河　遠く上る白雲の間、

2　一片孤城万仞山。　　　一片の孤城　万仞の山。

3　羌笛何須怨楊柳、　　　羌笛　何ぞ須いん楊柳を怨むを、

4　春風不度玉門関。　　　春風度らず玉門関。

〈詩形〉　七言絶句

〈押韻〉　間 jiān、山 shān、関 guān が、上平十五刪 shān の韻。

〈平仄〉　１・２句とも基本平仄型通り（１句＝〔平－平型〕、２句＝〔仄－平型〕。１句末字〇だから〈近体詩は平声押韻〉の規則に則る。１句と２句は〈反法〉の規則に則っている）。

　３句目は基本型〔仄－仄型〕の５・６字目を逆にした特殊型。

　４句目も基本型通り（〔平－平型〕）。従って本詩は３句の１字目のみが基本型に違背した、１ヶ所のみをわざとズッコケて作り却って完璧さを際だたせた作品となっている。→「一瑕疵完整美」作品。

　　〈通釈〉

1　黄河がはるか遠く白雲のたなびくあたりまでさかのぼっていき、

2　荒涼たる漠北の地のとある一角に吐蕃の侵入を防ぐ要塞がある。遙か万里四方には万年雪をいただく山々が連なる。

3　兵営の連なる駐屯地の村はずれで羌族の若者が笛を吹いている。だがどうして守備兵の郷愁を募（つの）らせる折楊柳の曲など吹くのだろう、

4　兵士の帰還を許可する天子の恵（めぐ）みの風が、この玉門関にまで吹き渡ってくることなどありえないのに。

　都の繁栄をよそに、祖国防衛と版図拡大のため漠北の地に派遣され悲惨な環境の中で無念の死を迎えたであろう守備兵たち。玄宗皇帝を初めとする朝廷の無策ぶりに対する批判を込め、兵士の郷愁（ノスタルジア）を思いやる本詩は、田舎出の歌妓たちの共感をも呼んで余りあるものがあったに違いない。

８．「寒山詩」の解釈をめぐって

　蘇州郊外の寒山寺周壁には多くの寒山の漢詩が墨書されている。そのうちの一首に次の五言律詩がある。

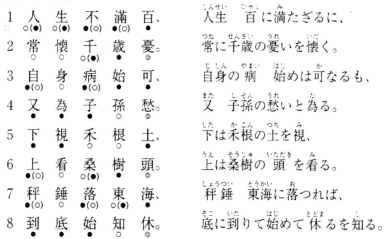

　　　　〈詩形・押韻・平仄式・対句の検証〉

○五言律詩

○憂 yōu、愁 chóu、頭 tóu、休 xiū が下平 11 尤 yóu の韻。

○初句〔仄－仄〕型。初句はむしろ〔平－仄〕型だが 2 句以下の平仄式は明らかに初句が〔仄－仄〕型であることを示している。初句からズッコケた拗体（おうたい）作品である。2 句

３字目●を○に作る。

　３句１・３字目○を●に作る。４・５・８句は基本型通り。６句１・３字を互いに逆に作り一句内救拯。７句は３・４字を逆にした特殊型。

　○〔３・４句〕は「反法」に則って作られているので、「対句」の第一条件「平仄上の対」は自ら明らか。だが、第二条件「語法上の対」及び第三条件「語義上の対」を満足させるためには、３句を次のように並べ変えねばならない。

$$自 \quad 身 \quad 病 \quad 始 \quad 可 \quad \rightarrow \quad 始（副）・可（動）・自身・病（名）$$
$$又 \quad 為 \quad 子 \quad 孫 \quad 愁 \quad = \quad 又（副）・為（動）・子孫・愁（名）$$

　つまり、３句はもと４句と同構造句であったのを、平仄の対を優先させて変換したものである。すると両句の解釈も対の語法、対義の単語として処理しなければならないことになる。（後述）

　○〔５・６句〕も上記三条件を満足させていることはあきらかである。すなわち両句は、主語Ｓの省かれた動目構造句である。

（Ｓ）・下（副）・視（動）Ｖ・禾　根＋土（名）Ｏ（目的語）

（Ｓ）・上（副）・看（動）Ｖ・桑　樹＋頭（名）Ｏ（目的語）

〈語釈・通釈・補注〉

　いま、手元にある入矢義高注『寒山』中国詩人選集５（岩波書店 1980）、久須本文雄『寒山拾得』（講談社 1995）、松村昴『寒山拾得』（世界思想社 1996）の三書を一括して——三者の解説は大同小異なので——参照し、歪読曲解個所を指摘しようと思う。

　○初句　二氏が「人生　百に満たざるに」と訓むのに対し松村氏は「人生　百に満たねども」と訓む。「不」は本来、漢語の否定の副詞であり活用はない。これを訓読した時、二氏は打消しの助動詞「ざり」の已然形で訓み、松村氏は同じく「ず」の已然形で訓んでいる。訓読の不首尾が国語学者から非難される所以であろう。

　○２句　三氏とも「千載」と書き、『文選（第二十九）』の古詩十九首「生年不満百、常懐千歳憂」を引用する。「載」は「歳」と同義同仄声字ではあるが、古詩が３句目以降で「昼は短く夜の長きに苦しむ、何ぞ燭を秉りて遊ばざる」と快楽の世界へ誘導しようとするのに対し、本詩は逆に生涯業苦の世界に耐えるべきことを説教しているのである。

　○３・４句　三氏とも「自身　病い始めて可ゆれば　又た子孫の為に愁う」と訓み下し、「自分の病気が漸く治ったと思ったら、今度は子や孫のことまで心配をしてやらね

ばならない」と訳している。この時の文法構造は次のようになる。「可」は「痊可（病い
が癒えること）」。

　3　自身＋病（名）S・始（副）・可（動）V〔主述構造〕

　4　又（副）・為（介）・子孫（名）O・愁（動）V〔介詞構造〕

これでは語法上の対にならぬことは明白である。上述のように３句は４句に対比させ
て書き変え、通釈も「始めのうちある人自身の‘病い’が癒えたとしても、次の世代の
子や孫の‘愁い’となるのだ」と訳すべきであろう。つまり、この詩の中心テーマは、
人間の業苦や煩悶はいつまでも消えることはないと因果を含めることにあり、「憂」＝
「病」＝「愁」＝「秤錘」で通底していると捉えねばならないのだ。

　〇５・６句　三氏とも５句末字を「下」に書き、「下は禾根の下を視」と訓むが、これ
はおかしい。一詩内どころか一句内の重字になっているのに変だとは思わなかったのだ
ろうか。

　人間は生涯、上を見たり下を見たり前後左右に気を配って苦労して過ごす。とりわけ
毎日の「食」のもととなる稲の出来具合、「衣」のもととなる蚕や桑の成長ぶりが最大の
関心事となるわけだ。

　〇７・８句「秤錘」を三氏とも「秤槌・鎚」にしているが、ここは単なる「分銅（お
もり）」であって、人間の手を加えた「槌（木づち）」や「鎚（かなづち）」であってはな
らない。そしてより重要なことはこれが詩眼の凝集語となっていることだ。（上記）

　憂愁や病苦がこり固まって「鉄のおもり」となり、それを近くの東海に投げ落とすと
底知れぬ海底に到ってやっと止まることが分かる。──→どこまで落ちて止まるかは分か
らない。──→人間の苦悩は未来永劫絶ち難く続くのだ。

　尾聯は三氏揃って言うような（「分銅が海の底に沈んでしまえば万事休すだ」）単純な
意味ではあるまい。「休」は「休止」で解すべきである。

　〇本詩には「始」が二度用いられているが、３句の「始」は時期的に初めの段階の「開始
（始め）」、８句の「始」は副詞の「才（さてこそ）」で解すべきであろう。

９．獄中漢詩二首

　日本における社会主義の先駆者のひとり、幸徳秋水（名は伝次郎、1871〜1911）の獄
中漢詩を鑑賞しよう。

1	鳩	鳥	喚	晴	烟	樹	昏、	鳩鳥晴を喚ぶ烟樹の昏、
2	愁	聴	点	滴	欲	消	魂。	点滴を愁え聴けば魂消えんと欲す。
3	風	風	雨	雨	家	山	夕、	風風雨雨　家山の夕、
4	七	十	阿	嬢	泣	倚	門。	七十の阿嬢泣きて門に倚らん。

○**詩形**＝七言絶句

○**押韻**＝昏hūn、魂hún、門mén が上平声13元yuán の韻。

○**平仄式**＝1句1・3字目を互いに逆に作り一句内「救拯」。2・3・4句とも基本型通り。○15：●13。但し、1句5字目●を○に作ったために6字目孤仄を犯す。

〈**通釈**〉

1　山鳩が小雨の煙る森陰で晴れ間を呼ぶがごとくに鳴いている黄昏時、

2　獄窓の外の雨だれに聞き耳をたてると悲しみが募って胸も張りさけんばかりである。

3　寒風吹きすさび雨降り続く故郷の夕暮れ、

4　齢七十になったおっ母さんは門柱に寄りかかりながら、私のことを思いやって泣いていることであろう。

　一昨年、発見されたマルクス経済学者で、かつて美濃部都政のブレーンを務めた故・大内兵衛氏の獄中漢詩をみてみよう。

1	朝	見	梟	盗	攉	銕	錠、	朝に梟盗の銕錠を攉くを見、
2	夕	聞	王	師	圧	徐	州。	夕に王師の徐州を圧するを聞く。
3	誰	云	幽	囚	必	徒	然、	誰か云う幽囚は必ず徒然ならんと、
4	別	有	史	眼	壷	中	闊。	別に史眼有れば壷中も闊し。

〈**詩形・押韻・平仄式**〉

○七言古詩

○2句末の州zhōu が下平声11尤yóu のグループ内の字なので、4句末も、悠 yōu、幽 yōu、憂 yōu、遊 yóu、優 yōu など韻目「尤」内の字で作り、3句末は仄字で作るべきであった。漢詩が漢詩と称される最低の基準が「押韻」法に則って作られているかどう

かである。従って本詩は典型的な「漢字ならべ詩」である。

〇１・２・３・４句とも「二四不同」の大原則を犯している。４句は「二六対」の原則も犯している。１・２句、３・４句の「反法」、２・３句の「粘法」は辛うじて守られているが、恐らくたまたまのものであろう。

〇全句とも２字・２字・３字と区切りリズムをとっている。１・２句は対句に作ろうと努力したあとが見え、語法上も漢語の語構造にかなっている。語義上も若干判然としないものもあるがほぼ漢語として解読できる。

結果的に「平仄」の規則に則ることがいかに難しいかを逆証した作品になっていると言えよう。

〈通釈〉

1　夜明けに勇猛の士（梟盗は梟し首にすべき盗賊の意。具体的に誰のことを指すか不明）が鉄鎖を打ち砕くのを見たと思うと、

2　夕方には王師（日本の皇軍か）が徐州を制圧したと聞いた。

3　囚われの身ではきっと退屈きわまりないことだろうと人は言うが、

4　私には私の歴史観があるので、壷中（独房）にいてもひろびろした別天地にいるような心境でいるのだ。

10. 漱石漢詩（二首）を読む

題画（画に題す）

1	何	人	鎮	日	掩	柴	扃、	何人か　鎮日　柴扃を掩う、
2	也	是	乾	坤	一	草	亭。	也是れ乾坤の一草亭。
3	村	静	牧	童	翻	野	笛、	村静かにして　牧童野笛を翻し、
4	簷	虚	闘	雀	蹴	金	鈴。	簷虚しくして　闘雀金鈴を蹴る。
5	渓	南	秀	竹	雲	垂	地、	渓南の秀竹　雲は地に垂れ、
6	林	後	老	槐	風	満	庭。	林後の老槐　風は庭に満つ。
7	春	去	夏	来	無	好	興、	春去り夏来るも好興無し、
8	夢	魂	回	処	気	冷	冷。	夢魂回る処　気冷冷たり。

〈**詩形・押韻・平仄式・対句の検証**〉

○七言律詩

○扃、亭、鈴、庭、泠が下平九青の韻。

○初句〔平起り平終り型〕３・６・７・８句各１・３字目を逆に作り一句内救拯。全詩の○：●＝28：28。

○〔３・４句〕村・静↔簷・虚（主語・形容詞述語）　牧童・翻・野笛↔闘雀・蹴・金鈴（主語・動詞・目的語）

○〔５・６句〕渓南・秀竹↔林後・老槐（名詞連語）　雲・垂・地↔風・満・庭（S・V・O）

〈**語釈・補注・通釈**〉

『漱石全集』第十二巻（岩波書店 1967）の吉川幸次郎訳注（以下〈Y注〉）と『同第十八巻』漢詩文（1995）一海知義訳注（以下〈I注〉）を参照しつつ読解を進める。

○題画＝画に題す／画に 題る、とでも読むべきか。漢字一字の時、音読すべきか訓読すべきか迷うところ。漢字二字は音読、一字は訓読が原則だと思うが。本詩は一幅の山水画を見て画賛詩を作ったもの。

○鎮日＝一日中。○掩＝おおう。ふさぎ閉じる。○柴扃＝しばの折戸。〈Y注〉はここを「柴扃に掩う」と驚くべき訓みをしている。訓読法は古漢語文法と日本古典文法の「合致」を暗黙の了解としている筈である。そのどちらか一方、或いは双方の知識の欠如がかかる「不一致」現象を引き起こすわけで、吉川氏の他の誤読個所を一例のみ挙げておく。「秋風鳴万木→秋風　万木鳴り」（「無題」明 43.9.20）。正しくは「秋風　万木を鳴らし／万木に鳴る」と訓むべきである〔S・V・O〕構文だから）。

○也是＝これもまた～である。○乾坤＝天と地。○草亭＝藁葺きの家。

○翻＝飜。ひるがえる。○野笛＝素朴な竹笛。〈I注〉がこれを「素朴な笛（の音）」と注するように、絵に画かれようもない「笛の音」が静寂そのものの村の一角から風に乗って「翻」って（聞こえて）くるような気がすると描写した漱石の特異な音感覚を読み取るべきであろう。

○簷虚＝軒下はガランとして何物も描かれていない。〈I注〉はこれを「軒下に人の気配のないことをいう」と「人がいない」と釈するが、軒下には次の、○闘雀＝けんかするすずめ、さえ画かれていないのである。つまり、この絵には画かれていないが、いつ

もなら軒下でふざけあっている雀たちの、「金の鈴を蹴り合うような」チュンチュンという金切り声の鳴き声が聞こえてくるようだ、とここでも漱石は研ぎすまされた音感に訴えて描写しているのである。従って、○金鈴＝黄金の鈴そのものであって、〈Ｉ注〉の「ここは風鈴の美称か」とは見当違いも甚しいと言わねばならない。

　漱石の俳句に〈弦音にほたりと落る椿かな〉がある。大高翔氏はこの「ほたり」にぞっこん惚れ込んだ揚句、〈触れずおく搦手門の落椿〉という付け句を批露している（『漱石さんの俳句』実業之日本社 2006）。俳句の世界には疎い筆者だが、大高氏の鑑賞眼にはいささか違和感を覚えた。この句は「ほたり」より、椿が落ちるきっかけになった描出されていない鋭い「ビューン」という「弦音」にむしろポイントがあるのではなかろうか。漱石の代表句〈秋の江に打ち込む杭の響かな〉と同じく、その音感覚描写にこそ漱石の特異な一面が現れていると思うのである。

　○渓南＝谷川の南側。○秀竹＝よくのびた竹林。○雲垂地＝白雲が大地に垂れ下るように画かれていたのであろう。

　○老槐＝えんじゅの老木。○風満庭＝庭先に描かれた槐の老木が風をはらんでいる様子からの想像であろう。

　○好興＝おもしろみ。楽しみ。○夢魂回＝夢から醒める。ハッと我に返る。〈Ｉ注〉は、○気＝大気とし、句末２字を○泠泠＝すがすがしく涼しいと誤釈している。「冷 (lěng)（上声＝三梗韻）」は明らかに「泠 (líng)（下平九青韻）」の間違いで、漢詩の根幹をなす「押韻字」を看過した罪は大きい。この「泠泠」は「心中の清々しいさま」であり、「気」は精神的な「気分の気」で解すべきである。

　○７・８句。山水画の山村風景に「春が去って夏が来た」情景が画かれていることもさることながら、晩春から初夏にかけて漱石自身がなすこともなく不興げに過したことを表白していると解するのが妥当であろう。ところがこの絵を鑑賞した後、ふと我に返ってみると気分一新してさっぱりした精神状態になっている自分に気がついた、と画賛しているのである。「大気がすがすがしく涼しい」などとは無縁のことである。

　　　〈通釈〉

1　一体どんな人だろうか。粗末なわらぶき家に一日中、柴の戸を閉ざして住みなしているのは、

2　だが、これもまた天下の一草盧というべきもの。

3　村は静寂そのもので、恰も牧童の吹きならす笛の音が聞こえてくるかのよう、

4　軒下はガランとしているが恰もふざけ合う雀どもが金鈴を蹴飛ばすような鳴き声をあげているのが聞こえるかのようだ。

5　谷川の南側にはよく伸びた竹。白雲が地に垂れ下るように画かれていて、

6　竹林の後方には槐の老木。庭一杯に初夏の風が吹き込んでいる様が観てとれる。

7　この画の風景と同じようにいつの間にか春が過ぎ初夏の候となっているが、私はこの間これといった楽しみがあるわけでもなかった、

8　だが、この画を観たあとふと我に返ってみると、なんとも清清しい気分になっている自分に気がついたのだった。

無題（大 5.10.20 作）

1	半生	意気	撫	刀	鐶、		半生　意気ありて刀鐶を撫し、
2	骨肉	鎖	磨	立	大	寰。	骨肉は鎖磨するも大寰に立つ。
3	死力	何	人	防	旧	郭、	死力もて何人か旧郭を防がんや、
4	清風	一	日	破	牢	関。	清風　一日　牢関を破る。
5	入	泥	駿馬	地	中	去、	泥に入りし駿馬は地中に去り、
6	折	角	霊犀	天	外	還。	角を折りし霊犀は天外より還る。
7	漢水	今朝	流	北	向、		漢水は今朝　北に向かって流れ、
8	依然	面目	見	盧	山。		依然たる面目を盧山に見す。

〈詩形・押韻・平仄式・対句の検証〉

○七言律詩

○鐶 huán、寰 huán、関 guān、山 shān が上平十五刪 shān の韻。

○初句〔平―平〕型。1・5句1字目、基本型○を●に作り救拯せず。5・6句5字目、それぞれ逆に作り二句にわたる救拯。但し、ためにそれぞれ「孤平」「孤仄」を犯してしまった。全詩の○：●＝26：30。

○〔3・4句〕死力↔清風。何人↔一日。防・旧郭↔破・牢関（動・目構造）。〔5・6句〕入・泥↔折・角（動・目）、駿馬↔霊犀（主語S）、地中・去↔天外・還（動・目

の転倒）。

〈語釈・補注・通釈〉

　○半生＝〈I 注〉は、わが前半生と注し、〈Y注〉も、生の半分であるであろう今までの時間のと釈する。すると明示こそしていないが、この1・2句の主語は漱石自身ということになる。だが果たしてそうか。漱石がいかに時勢を憂え反骨精神豊かな人だったとしても、日ごろ○撫刀鐶＝刀の柄を撫でさすり、○骨肉鎖磨＝わが身をやせほそらせつつ〈Y注〉、○立大寰＝「大地」或いは「大宇宙」に〈Y注〉すっくと立ったであろうか。

　ここの「半生」は平仄を合わせるため「半世」をとり替えたもので、「一人の人間の一生の半分」というよりは、「ある人間の半世紀にもわたる」という意味である。つまり、ある人間が半世紀にもわたる不屈の闘争を続けていることを表現したものである。筆者は全詩の内容を総合的に判断してその人物を「孫文（1866〜1925）」に比定しようと思う。その主人公が○大寰＝寰宇、寰区、寰内、寰中すなわちもと「天子が治める中国の領土」の意から派生した「大地 or 大宇宙」にすっくと立っていると考察する。

　○〈Y注〉は漱石漢詩の多くの句に初案を注記しているが、いずれも完成稿との単語の語義の比較解説に止まっている。次に見るように、初案と完成稿を対照する時、その「平仄」の変化にポイントを置いて比較検証することこそ漱石の真骨頂を見抜く最善の方法なのである。

　例〔3・4句の初案〕

　3　只　将　死　力　守　心　府　（只だ死力を将って心府を守る）
　　　●　○(●) ●(○) ●　●(○) ○　●

　4　遂　使　清　風　通　鉄　関　（遂に清風をして鉄関を通ぜしむ）
　　　●(○) ●　○　○　○(●) ●(○) ◎

　見る如く初案3・4句は平仄式の基本原則「反法」「粘法」に則っておらず（3句〔仄－仄〕型であるべきを〔平－仄〕型に、4句〔平－平〕型であるべきを〔仄－平〕型に作る）、末字を除いてまるで正反対の平仄型になっている。しかも下三字は「守心府」という抽象的な言い方をしており意味が判然としない。そこで漱石は平仄を中心に語義も分かり易く「守」を「防」に、「心府」を「旧郭」に変えている。すると、中国の封建社会の遺物を象徴した「旧い城郭」を「守ったり防いだり」する勢力と封建体制の建造物「牢関」をうち破る「清風」勢力との闘争関係もみえてこようというものである。〈Y

102

注〉が「禅語」にかこつけて解釈に戸惑う必要などさらさらないのだ。辛亥革命の嵐を「清風」と称するのはいささかきれいごとにすぎる嫌いがあるが、北伐戦争に始まる前後の革命戦争を、各地の「城郭」や「牢関」での戦いに象徴させて表現しようとしたことに間違いあるまい。

　○5句＝「入泥（泥沼に入る、か）」がどのような史実を指すか不明だが、泥沼にはまり込んで身動きならなくなった「駿馬（袁世凱か）」が遂にあの世に旅立った（「地中去」）。

　ここで「駿馬」を中華民国初代の大総統となり、帝位につこうとして失敗、失意のうちに死去した袁世凱（1859〜1916.6.6）に比定するヒントになったのは、漱石の逝去が奇しくもその四ヶ月後だったことである。1913年、反袁の革命闘争に失敗して日本に亡命した孫文の動向と兼ね合わせて考える時、漱石がその最期を伝え聞いて本詩の詩材にしたととることはあながち不当な推測ではないと思われる。

　○霊犀＝霊妙なる犀。犀の角は中心に穴があり貫通しているところから相手と気持ちが通じあうことの例えとして使われる。従って推察すると「折角」とは一次革命の挫折後、革命の貫徹を志向する気持ちの通じ合った同志たちの再決起を暗喩した状況をこの「折角霊犀」に込めたのではないだろうか。そうとすれば、これらの語の陰で秘かに孫文にエールを送っている漱石の姿がほの見えてくるような気がする。その孫文が「亡命先の日本やアメリカから帰還した」が「天外還（天外より還る）」。

　○漢水＝中国の河川は概ね西から東へ流れる。その中で漢土の中心部を北から南へ流れて中国の川の代表となる漢水。それは又天上にある漢水として「天の河」の代名詞ともなる。→天漢、雲漢。その漢水が今朝はなんと北へ向かって流れる。まさに天地開闢以来の大異変事である。

　○盧山＝江西省にある、陶淵明詩でつとに有名な南山。ここでは中国の名山名川を代表させて引き合いに出したものと思われる。中国社会の大動乱・大変貌にも拘わらず、中国の大自然は変らぬ（「依然」）真「面目」を悠場迫らぬ「盧山」のたたずまいの中に「見（あらわ）」している。

1　半世紀にわたりその人の意気は壮（さか）んで衰えを知らず、いつも刀の柄（つか）を撫でさすりながら悲憤慷慨しており、
2　その身をやせ細らせつつも、今、中国の大地にすっくと立っている。

3　いったい誰が死にもの狂いになって古い城郭を防ぎ守ろうとするであろう、

4　清新な革命の風が、ある日突然、各地へ通ずる堅固な関所を吹き破った。

5　泥沼にはまり込み身動きとれなくなった駿馬はついにあの世へ旅立っていき、

6　折しも、いく度もの挫折をくり返し、あたかも角の折れた霊妙なる犀の如き人物が、遥か天外から帰還した。

7　漢水は今朝、南から北へと向きを変えて流れ、驚天動地の争乱の時代が到来した、

8　だが、中国社会がいかに変貌しても、中国の自然を象徴する廬山の山容に悠揚迫らぬ不変の真面目をみるのである。

《**補説**》漱石の晩年は中国の革命運動の争乱期と重なる。1911 年、辛亥革命で清朝が崩壊。1912 年、中華民国が成立。1913 年、孫文は「革命未だ成らず」とばかり反袁の第一次革命闘争を起こすが失敗して日本に亡命する。1917 年、帰国して広東に軍政府を樹立。1919 年の五四運動の中で文学革命運動も熾烈となる。その後、1949 年の中華人民共和国成立まで、中国は 30 有余年の苦難の歴史を歩むことになる。

作品中の「駿馬」を袁世凱に、「霊犀」を孫文に見立てることは武断に過ぎるかも知れない。歴史事実に見合った、よりふさわしい人物を識者にご教示願いたいと思っている。

13.　菅原道真の漢詩を読む

◎後世、学問の神様として崇拝される道真 11 才の時に作ったと伝わる漢詩を、「平仄」を中心に解釈し、その秀逸さを証明したい。

月夜見 梅華（月夜に梅華を見る）「菅家文草」　巻一より
yuè yè jiàn méi huá

1　月　耀　如　晴　雪、　　　月の耀きたるは晴れたる雪の如く、
yuè yào rú qíngxuě

2　梅　華　似　照　星。　　　梅の華ぎたるは照れる星に似たり。
méi huá sì zhào xīng

3　可　憐　金　鏡　転、　　　憐れむべし　金鏡の転て、
kělián jīnjìng zhuǎn

4　庭　上　玉　房　馨。　　　庭上に玉房の馨れるを。
tíngshàng yùfáng xīng

詩形＝五言絶句

押韻＝星・馨が下平九青で押韻。
qīng

平仄式＝1句〔仄起こり仄終り型〕、2句〔平起こり平終り型〕は「反法」に則る。3句は〔平起こり仄終り型〕で2句と「粘法」に則る。4句は〔仄起こり平終り型〕で3句と「反法」に則り、基本四型をすべて使った完璧作品である。3・4句の1字目は基本型と逆に作り2句にわたる「救拯」。

対句＝1・2句が語音（平仄）、語法、語義ともきれいな対になっている。

・4句はもと「庭上」が場所詞、「馨」が存現動詞、「玉房」が主体語となった存現構造句であった。庭上馨玉房　押韻させるため玉房馨に転倒させた。従って訓みも「庭上の玉房馨れり」とはならない。

通釈＝1．月が耀いているさまはあたかも晴れた雪のようであり、2．梅の花が咲いて華いでいるさまはあたかも照らされた星々のようである。

3．なんとまあ、お月様が移りゆき、4．庭いっぱいに梅の香りがたゞようすばらしい月夜であることよ。

・わずか一首の観賞にすぎないが、14才にしてこれほどの秀句が作れる者こそ「神」に祭りあげられるに足る天才的文人であったと言えるのではないか。

14. 虫食い漢詩を蘇らせる

平成29年2月、鹿児島県南さつま市坊津町の改修中の淳厚寺壁中の下張りから4首の漢詩が見つかった。そのうち「詠小嶋」（詠み人知らず）と題する七言絶句詩は虫食いによる不明文字が5文字あった。それを「平仄法」を使って復原した手法を以下に示そう。

1	小	嶋	如	浮	峙	海	流、	小嶋は浮くが如く海流に峙（そばだ）ち、
2	絶	巓	松	樹	作	山	丘。	絶巓の松樹は山丘と作（な）る。
3	往	来	旅	客	留	笻	見、	往来の旅客笻（つえ）を留めて見るに、
4	疑	是	洋	沖	一	片	劉。	疑うらくは是れ洋沖一片の劉（りゅう）。

先ず本詩は一見して近体詩の七言絶句詩であると判断することができる。押韻の大原則から2・4句末字は平声「流 liú」（下平11 尤）の韻母「□iū」又は「□iú」の発音をもつ字であることが判る。

1句の「海流」（名詞）に対して2句の「山□」及び「小嶋が海上に浮いているようだ」という描写語に対して「島の絶頂（いただき）が山□（名詞）の様子を形作っている」という状態を言っていることから、「峙」ならびに「作山丘qiū」の諸字を浮かび上らせることができる。

　平仄式は1〔仄－平〕、2〔平－平〕、3〔平－仄〕、4〔仄－平〕で「反法」「粘法」「反法」の規則通りに作られている。

　4句末3字は「一片」が数詞・うすく平たいものの量詞であることから必ず「□iū」という発音をもつ名詞である筈だという推測が成り立ち、遠見すると「丘」状のものになる「劉liú（まさかり）」と判断できる。

小嶋を詠む

1．小嶋は浮くように海流に峙ち、
2．頂上の松林は山丘を形作っている。
3．この地を行き来する旅人がよく杖をとゞめて眺めやるのだが、
4．まるで、沖合に浮かぶ一振りのまさかりのような状況であるのだ。

おわりに

およそ 60 年前、大学入学後の研修で、都内某高校の漢文の評価授業を参観した。授業終了後、講義題の杜甫の「春望」について質疑応答があった。

その3・4・5句の解釈に2説があり、正解はどちらなのかで議論が噴出した。

3　感時花濺涙（時に感じては①花にも／②花も涙を濺ぎ）、

4　恨別鳥驚心（別れを恨んでは①鳥にも／②鳥も心を驚かす）。

5　烽火連三月（烽火①三月に連なり／②三月を連ね）

6　家書抵万金（家書②万金に抵る）

漢語の最もポピュラーな語法構造は〔主語・S－述語動詞・V－目的語・O〕である。3・4句はこれを緊縮した構造句で、緊縮することを求められる五言句では時々用いられる手法である。3〔（我・S）－感・V－時・O／（看・V）－花・O／濺・V－涙・O〕4〔（我・S）－恨・V－別・O／（聴・V）－鳥・O／驚・V－心・O〕　従って正解は①である。もし②を正解とするには語法構造を3〔（我・S）－感・V－時・O／花・S－濺・V－涙・O〕4〔（我・S）－恨・V－別・O／鳥・S－驚・V－心・O〕と分析し、花が涙を濺いだり（花弁が散るさまを擬人化したとする）、鳥が心を驚かして鳴くとこじつけねばならなくなる。花や鳥に「そうなの？」と聞いてみたい欲求に駆られる。

5・6句は基本構造が〔主語・S－述語動詞・V＋動量補語C〕であり、5〔烽火・S－連・V＋三月・C〕、6〔家書・S－抵・V＋万金・C〕、いずれも②を正解としなければならない。「烽火三月に連なり」と訓めば〔烽火・S－連・V－三月・O〕の句構造となる。（平仄法による検証は省略する。）

それから 50 年後のとある日、通りかかった書店で『漢文入門』の参考書を瞥見すると、これらの句の解釈には二説があると書いてあるのを見て仰天した。

1960 年の安保闘争、続いて起こった大学紛争の渦中にあって、跳ね上り気味の学生であった私は将来の展望も見出せないまゝ学問の道に踏み迷っていた。そんな私の蒙を啓いてくれたのが藤堂明保先生の小学＝漢字学の講義であった。世の中にこんなに面白い学問があったのかと瞠目すると同時に、その後の私の漢字問題研究のきっかけとなり、

中国語学習に励むもととなった。

　院生浪人生活を余儀なくされ、33才の春、恩師・牛島徳次先生の紹介で日中学院に勤めることになった。そこで受けた院長・倉石武四郎先生の教訓の数々──漢字は魔の文字ですよ。中国語教学はローマ字教育に徹すべし。言語教育は発音教育を第一義とすべし──は私の終生にわたる研究と教育の基盤となった。

　漢字・漢語が本来中国語の表記道具であり、漢詩・漢文がそれを使って表現された文学作品である以上、必ずそのことばの根元に立ち戻って理解・鑑賞すべきことは子供でも分かる道理である。

　私は日本の漢字文化を維持し発展させるために、まずは先学者が率先して中国語を学び、小中学校で日中漢字の違いから教えて欲しいと願っている。日本の語学教育は英語と並んで中国語教育をもっと推進すべきだとする主張の正当性は今後ますます高まっていくに違いないと思う。

2021 年 6 月 6 日　記

著者略歴

松尾 善弘（まつお・よしひろ）

Yoshihiro Matsuo

1940 年　台湾・台北市にて出生

1946 年　鹿児島県出水に引揚げ小・中・高時代を過ごす

1959 年　東京教育大学文学部漢文学科入学

1963 年　同大学院中国古典科修士課程入学

1967 年　同博士課程入学

1971 年　日中学院講師・法政大学・駒沢大学・早稲田大学の中国語非常勤講師

1975 年　鹿児島大学教育学部助教授

1981 年　同大学教授

1997 年　山口大学人文学部教授に転任

2003 年　同学部を定年退官

《著書》

『唐詩の解釈と鑑賞&平仄式と対句法』1993.4 近代文芸社

『批孔論の系譜』1994.2 白帝社

『漢字・漢語・漢文論』2002.12 白帝社

『尊孔論と批孔論』2002.12 白帝社

『唐詩読解法』2002.12 白帝社

『漢語入門（発音編・文法編）』合訂本 2004.6 白帝社

『唐詩鑑賞法』2009.12 南日本新聞開発センター

『西郷隆盛漢詩全集』2010.12 斯文堂

『日中漢字・漢語・漢詩・漢文論』2011.12 斯文堂

『増補版大久保利通（甲東）漢詩集』監修 2012.12 斯文堂

『大警視川路利良漢詩集』監修 2016.11 斯文堂

『増補改訂版西郷隆盛漢詩全集』2018.3 斯文堂

『漢詩で繙く西郷像』監修 2021.6.1 斯文堂

『唐詩正読法』2021.6.1 斯文堂

日中漢字文化新論

2023年6月30日発行　　　　　　著　者　　**松尾善弘**

発行者　　**向田翔一**

発行所　　株式会社 22 世紀アート

〒103-0007

東京都中央区日本橋浜町 3-23-1-5F

電話　03-5941-9774

Email: info@22art.net　ホームページ: www.22art.net

発売元　　株式会社日興企画

〒104-0032

東京都中央区八丁堀 4-11-10 第 2SS ビル 6F

電話　03-6262-8127

Email: support@nikko-kikaku.com

ホームページ: https://nikko-kikaku.com/

印刷
製本　　　株式会社 PUBFUN

ISBN : 978-4-88877-219-8